Pyrrhus
Jacob Abbott

皮洛士国王
战争艺术大师与鏖战罗马
全景插图版

[美]雅各布·阿伯特 著
公文慧 译

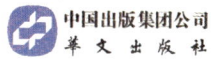

图书在版编目（CIP）数据

皮洛士国王 / (美) 雅各布·阿伯特著；公文慧译. --北京：华文出版社，2018.7

（美国国家图书馆珍藏名传）

ISBN 978-7-5075-4773-3

Ⅰ.①皮… Ⅱ.①雅…②公… Ⅲ.①皮洛士（前319年-前272）—传记 Ⅳ.①K831.984.7=2

中国版本图书馆CIP数据核字(2018)第140373号

皮洛士国王

作　　者：	[美] 雅各布·阿伯特
译　　者：	公文慧
选题策划：	華盛世章
插图供应：	029—85504182
责任编辑：	胡慧华
出版发行：	华文出版社
社　　址：	北京市西城区广外大街305号8区2号楼
邮政编码：	100055
网　　址：	http://www.hwcbs.com.cn
电　　话：	总编室010—58336239　发行部010—58336267
	责任编辑010—58336197
经　　销：	新华书店
印　　刷：	北京画中画印刷有限公司
开　　本：	880×1230　1/32
印　　张：	8
字　　数：	136千字
版　　次：	2018年8月第1版
印　　次：	2018年8月第1次印刷
标准书号：	ISBN 978-7-5075-4773-3
定　　价：	42.00元

版权所有　侵权必究

出版说明

《美国国家图书馆珍藏名传》共22册,作者是美国著名历史学家、教育家雅各布·阿伯特。他以独特的视角研究公元前7世纪到公元18世纪2500年的世界史,最后写出了这套影响深远的人物传记。读者能通过阅读这些风云人物,更好地理解那段历史、那段时光,这是我们出版这套书的最大良善。为更好地使读者全面了解该丛书,现作如下说明:

一、关于版本。据不完全统计,这套丛书的英文版多达上百个。其中,以哈伯兄弟出版公司于1904年出版的版本最具代表性和权威性。本丛书正是根据该版翻译而成,以保证版本的质量。

二、关于插图。这些人物距现代已经很久远了。读者可能会问:他们长什么样子?穿什么衣服?仗是如何打的?外交是如何谈的……为了让读者更形象地了解当时的历史，我们精心为各书选配了约百幅插图。这些插图包括但不限于油画和版画。我们希望，通过品味插图的艺术之美，读者获得一种不是穿越胜似穿越的强烈体验，从而更好地对当时的风土人情有更直观的体察。

三、关于注释。为了确保内容的正确性、权威性，版权方进行了大量的考证工作。考证的结果以注释的形式体现。另外，内文中很多涉及地图的地方，我们尽量尊重作者，尊重历史，保存原貌，如有出入，请读者认真分辨。

四、关于译者。本丛书由多所大学的一线英语老师翻译而成。各位老师治学严谨，文笔优美，为确保丛书的质量奉献良多。在此，深表敬意。

尽管出版前我们做了许多工作，但不足之处实难避免，欢迎读者朋友多提宝贵意见。

译者序

本书作者是雅各布·阿伯特（1803—1879），他出生于美国缅因州哈罗威尔，19世纪美国著名的传记作家。他一生独著过一百八十多部作品，与他人合著过三十一部作品，可谓多产。在这些作品中，最为著名的非这套22册的"美国国家图书馆珍藏名传"丛书莫属，丛书脍炙人口，流传至今。《皮洛士国王》是丛书中的一册。

皮洛士（公元前319年—公元前272年）是古希腊伊庇鲁斯国王，出生于亚历山大大帝驾崩后第四年。他天赋异禀、足智多谋、内心强大、能力超群。他是西方历史上不可多得的军事奇才。两岁时，皮洛士卷入了复杂的政治斗争，在伊庇鲁斯的将领帮助下才幸免于难。之后他一直流亡海外。十二岁时，皮洛士在伊利里亚国王的支持下返回伊庇鲁斯夺回王位。不料国内再次发生政变，皮洛士第二次逃往海外。多灾多难的命运没有将皮洛士打倒，反而让他更加坚强。随后，皮洛士加入德米特里厄斯的队伍潜心学习，并多次带兵出征，立下显赫战功。即便这样，皮洛士还是很低调，他主动请缨去埃及当人质。战功赫赫、谦逊有礼的皮洛士赢得了托勒密王朝的一致认可。最终，托勒密王朝发兵伊庇鲁斯，协助皮洛士重新夺回王位。

　　登上伊庇鲁斯王位后，皮洛士意气风发、雄心勃勃，他迫不及待想大展宏图。就在此时，亚历山大五世邀请皮洛士协助他攻打安提帕特二世。皮洛士应邀出兵马其顿，这是皮洛士第一次独自领兵作战。皮洛士的军事才能在此次战事中得到完全施展。接着，皮洛士因故与德米特里厄斯对战，皮洛士迟迟无法打败对方。此时，塔伦图姆的百姓向皮洛士求援，请求皮洛士协助他们攻打罗马，皮洛士立即转战意大利。皮洛士率军与罗马人在西里斯河对战，最终大获全胜。然而，西里斯河战役激发了罗马人的斗志，罗马人卷土重来。久战未果，双方十分疲乏。此时，皮洛士接到西西里人的参战邀请，他们请求皮洛士协助统一西西里岛。皮洛士立即抛下意大利的战事，转战西西里岛。他以迅雷不及掩耳之势打退了迦太基人和麦尔提尼斯人。为彻底消灭迦太基人，皮洛士执意出征非洲。这一决定引起了西西里岛内乱。正在此时，塔伦图姆的百姓再次发出求援信号。于是，皮洛士冲破敌军的拦截，拼死返回意大利。但回到塔伦图姆后，皮洛士发现情况变了。此时，罗马实力大增，而皮洛士自己却物资匮乏。皮洛士在实力悬殊的情况下对战罗马军，最终全面溃败。无奈之下，皮洛士悄然返回伊庇鲁斯。返途中，皮洛士听说马其顿政权不稳，便临时决定再战马其顿。皮洛士发起强烈进攻，打败安提柯一世，最终占领了马其顿。此时的马其顿百废待举、百业待兴，但皮洛士却十分不擅长治理国家。正在为难之际，皮洛士收到斯巴达人克林奥姆尼斯的邀请，请求他出兵攻打斯巴达。皮洛士立马撤离马其顿，与斯巴达人开战。在斯巴达战役中，皮洛士被一位老妇人扔的瓦片击中，不幸毙命。一代奇才就此陨落。

皮洛士是当之无愧的军事奇才，但他有致命弱点。他做事没有明确的目标和相应的计划，他只享受厮杀带来的快感，却从未真正守住一片江山。皮洛士对后世将帅的影响是极大的，"战略之父"汉尼拔就自称是他的学生。皮洛士对战术的运用是非常高超的。他深知鼓舞士气对战斗胜利的影响，积极使用多兵种联合作战（譬如步兵与象军），强调外交策略在战争爆发前、进行中和结束后的重要作用。因此，他是名副其实的"战争艺术大师"。他在亚平宁和西西里的许多战役都作为经典案例在西方军事学院教授。西方军事史学家称他为"第二个亚历山大大帝"。

原 序

在人类历史长河中，无数英雄人物引领风骚。这些英雄人物共同谱写历史华章。一代代史学家将这些英雄人物的生平事迹记录在册。但当时修史工作既不够严谨也不具备系统性。有时，人们甚至将虚构的故事与历史事实弄混了。因此，读者们会发现居鲁士大帝、薛西斯大帝、罗慕路斯、皮洛士等人的传记总是充满了神秘的传奇色彩。现代读者透过理性之光，逐渐从人物传记中发现真相。当然，这不仅是因为史料穿插在这些人物传记中，还是因为一批批现代学者孜孜不倦的努力，才理清其中复杂的情况，还原历史的真貌。

历史已经流传好几个世纪。它们的故事情节已经与各个文明古国的文学、语言融合在一起，成为现代文明不可或缺的一部分。因此，现代人有必要了解这些历史事实，以史为鉴，关照未来。当然，从事研究的学者们需要关注更多方面，比如，故事的发展情节、故事的真伪、流传下来的版本以及当前热门的版本等等。而普通读者则需要明白：真实的历史往往能交代清楚故事的来龙去脉。

在创作这一系列的人物传记的过程中，我一直坚持的原则不是去"改编"史料，而是还原故事本身，与此同时，我会提醒读者朋友：无论何时都不要把充满传奇色彩的故事当成真实历史。

目 录

第一章　奥林匹娅丝和安提帕特 …………………………… 001

　　伊庇鲁斯王国的形势——伊庇鲁斯和马其顿——两国的政治关系——奥林匹娅丝——腓力二世——奥林匹娅丝制造了很多麻烦——亚历山大支持母亲——人们猜疑奥林匹娅丝谋杀亲夫——亚历山大爱自己的母亲——亚历山大的孝顺——安提帕特的品行——亚历山大对安提帕特的评价——亚历山大派克拉特拉斯回国——亚历山大的妻子——罗克珊娜的孩子——两位王位继承人——巴比伦——有关托勒密王朝的描述——帝国的划分——对抗双方的相互妥协——佩尔迪卡斯的婚约——克利奥帕特拉——尼西娅去巴比伦——安提帕特的计划——另一个人的婚约问题——库娜涅——将士们激愤——艾达的新名字——各种阴谋——安提帕特和托勒密的计划——佩尔迪卡斯的计划——战事——卡拉特拉斯被杀——作战将士的不满——佩尔迪卡斯不得人心——横渡尼罗河——反常的现象——众多士兵被河水冲走——国王返回巴比伦——安提帕特返回马其顿

第二章　卡山德 ………………………………………………… 029

　　安提帕特的宿敌——安提帕特与奥林匹娅丝、欧律狄刻二世的矛盾——欧律狄刻二世的品性——欧律狄刻二世霸道傲慢之举——特里帕拉迪乌斯会议——欧律狄刻二世的激烈言辞——安提帕特处境危险——欧律狄刻二世被迫妥协——安提帕特病重——安提帕特安排身后事——波利伯孔邀请奥林匹娅丝返回马其顿——卡山德计划发动叛乱——假意举行狩猎聚会——卡山德向朋友们详述自己的计划——朋友们同意加入——奥林匹娅丝害怕返回马其顿——卡山德和波利伯孔之间的战斗——反常的事件——波利伯孔的坑道——成功实施——冲突——大象引发的恐慌——应对策略——铁钉——奥林匹娅丝决定返回马其顿——欧律狄刻二世的军队抛弃了她——战车中的奥林匹娅丝——欧律狄刻二世被捕——她被送入地牢——腓力三世驾崩——欧律狄刻二世的绝望——牢房——欧律狄刻二世的悲惨结局——卡山德的回城——奥林匹娅丝备战——围攻皮德纳——卡山德的行动计划——奥林匹娅丝求助波利伯孔——狱中的奥林匹娅丝——奥林匹娅丝的最终结局

第三章 皮洛士的早年生活 ……………………………… 049

伊庇鲁斯家族——家族的问题——两个亚历山大——他们的不同命运——亚历山大大帝的征程——塔伦图姆湾——多多纳神谕——模棱两可的预言——本德里亚——洪水不期而至——洪水带来的后果——桥梁被冲毁——悲伤之河——亚历山大一世驾崩——他的尸体落入水中——一位女人要去了亚历山大一世的尸首——奥林匹娅丝——埃阿喀得斯前往皮纳德营救奥林匹娅丝——帮助皮洛士逃亡的族人——半路受阻——送信的奇思妙想——木筏——皮洛士被带到伊利里亚——面对格劳西亚斯时皮洛士的表现——皮洛士长大成人——卡山德的计划——格劳西亚斯协助皮洛士登上王位——叛乱——皮洛士再次逃亡——皮洛士支持德米特里厄斯——皮洛士获得盛名——皮洛士成为人质——皮洛士在埃及的处境——托勒密王朝中的皮洛士

第四章 马其顿之战 ……………………………… 067

皮洛士登上王位——庆典——欢宴——吉伦的礼物——吉伦和密尔提洛斯密谋——侍从假装执行计划——偷听到的谈话——卡山德的继承人之争——皮洛士第一次独自带兵作战——有关皮洛士的逸事——皮洛士所向披靡——皮洛

士识破计谋——伪造者的意图——战争结束——皮洛士返回伊庇鲁斯——德米特里厄斯与亚历山大五世在边境会面——密谋与对抗——德米特里厄斯获胜——德米特里厄斯与皮洛士的关系——皮洛士和德米特里厄斯的战争爆发——底比斯——德米特里厄斯的鲁莽和残暴——皮洛士和德米特里厄斯的战争——潘帕塔斯——单打独斗——皮洛士受伤——潘帕塔斯死里逃生——百姓厌恶德米特里厄斯——德米特里厄斯的名袍——未完成之作——皮洛士的妻子——皮洛士娶拉纳莎的动机——拉纳莎的不满——拉纳莎离开了——战事持续多年

第五章 | 意大利之战 ············· 087

转战意大利——罗马人的统治区域——塔伦图姆政权——塔伦图姆内部形成多个派别——喧闹的议会——麦东的诡计——麦东的计划成功实施——人们邀请皮洛士前往塔伦图姆——大量的随行人员——齐纳斯——齐纳斯向皮洛士提问——皮洛士向齐纳斯讲述了自己的目标——齐纳斯的观点——皮洛士起航——他的舰队和军队——皮洛士从海难中死里逃生——皮洛士接管塔伦图姆城——皮洛士的精力——皮洛士采取的重大举措——塔伦图姆的百姓原是希腊人后裔——兵力久久无法到位——利维努斯——皮洛士看到罗马人的营地——罗马人渡过河流攻打皮洛士——奇观——皮洛士非常惹人注目——皮洛士和莱昂纳特斯的对话——皮洛士身处险境——人象——胜利的纪念品——皮洛士现身——罗马人战败

第六章 | 谈判 ············· 105

西里斯河战役产生的影响——罗马人的态度——皮洛士的猜想——猜想错误——皮洛士派齐纳斯出使罗马——齐纳斯计划贿赂罗马元老院成员——齐纳斯在罗马议会上的讲话——元老院成员的争论——突发事件——阿匹乌斯·克劳迪乌斯被抬到元老院——阿匹乌斯·克劳迪乌斯的发言——阿匹乌斯·克劳

迪乌斯的话产生的影响——齐纳斯向皮洛士汇报罗马城的情况——法布里休斯来到皮洛士的面前——皮洛士对他的招待——藏在营帐里的大象——皮洛士全力争取法布里休斯——罗马军向皮洛士开进——两名大将——双方沿河两岸安营扎寨——德西乌斯·马乌斯的故事——他的大功劳——异象——艰难的抉择——两位执政官抽签——德西乌斯·马乌斯自愿献身——德西乌斯·马乌斯的超自然力量让希腊将士们非常害怕——德西乌斯·马乌斯对皮洛士的答复——罗马军害怕大象——战斗——大象——战车——胜负难分——冬季——尼亚西斯——皮洛士的医生——他的背叛——交换俘虏——无法达成和平协定

第七章　西西里风云 ·················· 125

拉纳莎——阿加索克利斯的暴政——阿加索克利斯的军事行动——阿加索克利斯从非洲潜逃——严重后果——血色大海——让人震惊的结局——忒库希娜和她的孩子——离奇的故事——梅农谋划毒害阿加索克利斯——篡位的风险——梅农的打算——皮洛士受到邀请——皮洛士的困惑——皮洛士决定前往西西里岛——在塔伦图姆备战——塔伦图姆人抗议——塔伦图姆人抗议的理由——皮洛士派齐纳斯先行前往西西里岛——西西里岛的形状——墨西拿的状况——西西里岛的麦尔提尼斯人的行径——麦尔提尼斯人占领了墨西拿——进驻西西里岛所面临的三大任务——皮洛士起航前往西西里岛——皮洛士决定立即攻打俄依克斯——皮洛士身先士卒——城墙上的战斗——皮洛士获胜——盛大的庆典——战役的最终结局——皮洛士攻打麦尔提尼斯人——胜利——皮洛士想到新办法——海军兵力不足——西西里岛的人反对皮洛士的计划——西西里人的反叛——皮洛士的性格特点——他没有恒心——新的计划——返回意大利的悲惨历程——可怕的战场——皮洛士头部受伤——可怕的样子——麦尔提尼斯士兵——皮洛士成功到达塔伦图姆

第八章　撤回伊庇鲁斯 ·················· 147

皮洛士所率领的军队——力量薄弱——皮洛士的危险处境——洛克里——皮洛士重新占领洛克里——死亡女神普罗塞尔皮娜——缘由——半人半马的怪物、美人鱼、鹰头马身有翅怪兽以及其他神话传说——普罗塞尔皮娜的寓言故事——谷物女神克瑞斯寻找女儿——普罗塞尔皮娜一生的重要意义——祭献的礼物和祭品——皮洛士征用了洛克里神庙的财宝——船只失事与财宝丢失——皮洛士深受恐惧的折磨——皮洛士出塔伦图姆——迎战罗马人——皮洛士在贝内文托迎战库里乌斯——皮洛士举着火把穿过山间小径——罗马人大吃一惊——皮洛士被击退——战场上的皮洛士英勇无敌——攻击象群——用火把吓唬大象——小象和母象——皮洛士逃跑——权宜之计——安全抵达伊庇鲁斯

| 第九章 | 利西马科斯家族 ·················· 163 |

利西马科斯家族的情况——王位继袭制——王位承袭的难点——例子——回到马其顿的历史——关于利西马科斯力量与勇气的故事——利西马科斯被囚到地牢与狮子共处——阿玛斯特里斯和她的两个儿子——阿尔西诺埃——托勒密家族中的不和——不和的由来——家族的描述——托勒密·塞劳努斯——矛盾从埃及转移到马其顿——利桑德拉——阿尔西诺埃嫉妒和憎恶——阿加索克利斯遭囚禁——危及孩子——利桑德拉逃走——集结兵力——殊死决斗——托勒密·塞劳努斯——鲁莽的性格——费拉德尔普斯与塞琉古的联盟——塞琉古的计划——托勒密·塞劳努斯考虑叛变——阿尔戈斯——托勒密·塞劳努斯赶往马其顿——托勒密·塞劳努斯的对手和仇敌——各自的主张——托勒密·塞劳努斯与安提柯一世的较量——阿尔西诺埃和她的孩子——撤回卡桑德拉——托勒密·塞劳努斯提议娶阿尔西诺埃——托勒密·塞劳努斯大获成功——外敌入侵的威胁——托勒密·塞劳努斯自卫——托勒密·塞劳努斯惨死

| 第十章 | 再次征战马其顿 ·················· 185 |

皮洛士的致命弱点——变化无常——后果——皮洛士缺乏恒心的例子——出

兵马其顿的其他理由——皮洛士开局很成功——马其顿百姓有投诚意愿——峡谷间的战斗——方阵部队的描述——所向披靡——象军——作战顺序——象军惨败——方阵部队——皮洛士说服敌人加入自己的队伍——皮洛士获胜——占领马其顿——皮洛士改派高卢人守卫几座小城——人们的抱怨——皮洛士毫不关心——皮洛士接到意外邀约

第十一章 | 斯巴达 ·············· 195

斯巴达——斯巴达城的概况——斯巴达国王——德尔菲神谕——困境——两支王室血脉——两头政治——不和——莱克尔加斯——克莱尔加斯的家族——父亲去世——克莱尔加斯登上王位——残忍的提议——对婴孩的安排——克莱尔加斯的慷慨之举——斯巴达面临各种困境——王后的怨恨——克莱尔加斯决定离开斯巴达——克莱尔加斯离开斯巴达后的经历——查瑞劳斯的性格——他不称职——百姓的抱怨——克莱尔加斯受邀返回斯巴达——克莱尔加斯最终答应回斯巴达——克莱尔加斯求德尔菲神谕——神谕——查瑞劳斯受惊——他逃到一处神殿——克莱尔加斯建立的机构的类型和影响——斯巴达人的性格特征和精神品质——给皮洛士送信——关于克利奥尼穆斯的描述——阿利乌斯称王——克利奥尼穆斯与切力多尼斯的婚姻——请求皮洛士——皮洛士决定率军前往希腊

第十二章 | 皮洛士的最后一次远征 ·············· 209

皮洛士为远征做准备——皮洛士的计划——希腊人的恐慌——皮洛士的大军逼近斯巴达——使臣——皮洛士率军到达斯巴达——推迟进攻——斯巴达人的计划——先让城里的女人撤走——女人派代表前往元老院——恭迎克利奥尼穆斯——克利奥尼穆斯的妻子——斯巴达人决定第二天一早进攻皮洛士——挖壕沟——建防御土墙——妇女们参与——开始挖掘——斯巴达百姓忙了一夜——女人们帮忙——壕沟的效果——马车——皮洛士的儿子托勒密将马车移

开——皮洛士的梦想——现实情况与梦境相反——皮洛士制定了另一个计划——战斗——斯巴达的女人们的角色——皮洛士指挥军队发起总攻——皮洛士的战马受伤——皮洛士陷入险境——大军撤退——阿克罗塔图斯和阿利乌斯——阿利乌斯率军援助——皮洛士接到新的邀请——阿尔戈斯——皮洛士离开斯巴达——前往阿尔戈斯——托勒密之死——伊瓦库斯——皮洛士复仇——皮洛士遇到敌军——计谋——带象进城——阿尔戈斯城的百姓惊慌失措——士兵们辨别不清——皮洛士等待天亮——铜像——古老的预言——皮洛士惶惶不安——皮洛士决定从阿尔戈斯城撤退——皮洛士发现城里拥堵——可怕的混乱——大象倒在城门口——皮洛士大惊——他摘掉羽毛——他被一块瓦片砸中——皮洛士之死——皮洛士的人物性格分析——结论

附　录 | 专有名词汉英对照 ……………………… 233

第一章

奥林匹娅丝和安提帕特

精彩看点

伊庇鲁斯王国的形势——伊庇鲁斯和马其顿——两国的政治关系——奥林匹娅丝——腓力二世——奥林匹娅丝制造了很多麻烦——亚历山大支持母亲——人们猜疑奥林匹娅丝谋杀亲夫——亚历山大爱自己的母亲——亚历山大的孝顺——安提帕特的品行——亚历山大对安提帕特的评价——亚历山大派克拉特拉斯回国——亚历山大的妻子——罗克珊娜的孩子——两位王位继承人——巴比伦——有关托勒密王朝的描述——帝国的划分——对抗双方的相互妥协——佩尔迪卡斯的婚约——克利奥帕特拉——尼西娅去巴比伦——安提帕特的计划——另一个人的婚约问题——库娜涅——将士们激愤——艾达的新名字——各种阴谋——安提帕特和托勒密的计划——佩尔迪卡斯的计划——战事——卡拉特拉斯被杀——作战将士的不满——佩尔迪卡斯不得人心——横渡尼罗河——反常的现象——众多士兵被河水冲走——国王返回巴比伦——安提帕特返回马其顿

伊庇鲁斯国王皮洛士小时候处境十分艰难。他两岁时，赶上政局动荡，性命堪忧。家里的侍从连夜带他逃离伊庇鲁斯，他才得以幸存。此后多年，他一直流亡他乡。当时，伊庇鲁斯的形势是这样的：

伊庇鲁斯位于亚得里亚海东岸、马其顿西南。伊庇鲁斯离马其顿很近，在某些方面甚至依附马其顿。事实上，两国王室缔结过婚约，因此两国不仅关系密切，而且治国理政方面也相互影响。但凡马其顿出现纠纷或发生战事，伊庇鲁斯一定会介入，支持其中一方。如果伊庇鲁斯国王与百姓支持的对象不一致，那么势力较弱的一方便会受到压制。

公元前323年，马其顿国王亚历山大大帝驾崩。公元前319年，皮洛士出生。可以说，皮洛士的事业是继亚历山大大帝之后开始的。伊庇鲁斯和马其顿的关系十分密切,因为马其顿国王腓力二世娶了伊庇鲁斯国王涅俄普托勒摩斯的女儿奥林匹娅丝,他们生了一个儿子,就是亚历山大大帝。亚历山大大帝在位期间,伊庇鲁斯和马其顿的百姓都非常拥护他的统治,视他为本国王室血脉,以他为傲。奥林匹娅丝嫁给腓力二世后,时而住在马其顿,时而住在伊庇鲁斯。时间久了,奥林匹娅丝不仅与娘家关系密切,还使两国王室的关系密切起来。

奥林匹娅丝

第一章 奥林匹娅丝和安提帕特

奥林匹娅丝在两国间牵线搭桥，再加上亚历山大大帝成就辉煌，百姓拥护，这一切使两国政权不断融合。

伊庇鲁斯与马其顿关系友好，但要是觉得腓力二世和奥林匹娅丝从来没有分歧，那就大错特错了。事实是：亲密的外衣下往往隐藏着剑拔弩张。奥林匹娅丝脾气有点儿暴躁，飞扬跋扈，固执己见。而腓力二世是典型的急性子，行事冲动。因此，他们的生活时常是鸡飞狗跳。新婚之初，每每产生分歧，腓力二世都会让着奥林匹娅丝。但奥林匹娅丝无视伊庇鲁斯王位继承顺序相关规定，强行劝说腓力二世扶持自己的弟弟登上王位。谁知伊庇鲁斯的顺位继承人不甘放弃，于是伊庇鲁斯国内很快形成两大阵营。腓力二世一直尽量满足和包容奥林匹娅丝。但奥林匹娅丝却利用腓力二世的包容，不断给母国惹祸。

腓力二世

经过一段时间，奥林匹娅丝耗尽了腓力二世的耐心。两人发生了一场激烈的争吵。为了发泄对奥林匹娅丝的不满，腓力二世另娶克利奥帕特拉。因此这场婚姻不只是出于政治联盟目的。腓力二世认为迎娶奥林匹娅丝是人生最大的败笔。而奥林匹娅丝也满怀愤懑地返回伊庇鲁斯，寻求弟弟的保护。

腓力二世和奥林匹娅丝分开后，他们的儿子亚历山大留在马其顿。当时，亚历山大差不多十九岁。对于父母之间的争吵，亚历山大站在母亲这边。母亲离开后，亚历山大待在马其顿，但他一直闷闷不乐。后来，在一场盛宴上，在奥林匹娅丝的授意下，几位客人说了几句挑拨的话。于是，亚历山大与腓力二世发生激烈口角。争辩期间，亚历山大公开谴责和挑衅腓力二世。随后，亚历山大愤然离席前往伊庇鲁斯投奔母亲。当然，伊庇鲁斯的百姓也知道此次冲突。他们当中一部分人支持腓力二世，一部分人支持奥林匹娅丝和亚历山大。

亚历山大离开马其顿不久，腓力二世就遭人暗杀。一时之间，人们纷纷猜测这是奥林匹娅丝指使人下的毒手。但一切都只是猜测，无人能拿出确实的证据。其实，奥林匹娅丝既伶俐又强势，既率真又鲁莽。如果人们真把谋杀罪名扣在她头上，倒也无可辩驳。也就是说，如

第一章 奥林匹娅丝和安提帕特

果人们认定行刺之人是奥林匹娅丝,即使证据不足,她也难逃嫌疑。

无论腓力二世是否为奥林匹娅丝所害,对奥林匹娅丝而言,他的死都是一桩幸事——奥林匹娅丝的地位提升了,并且心中的大计也向前大大推进了。腓力二世驾崩后,亚历山大大帝继承王位,奥林匹娅丝回到马其顿。当时,亚历山大大帝还年轻,奥林匹娅丝便以为自己可

亚历山大大帝继承王位

以大显身手。但现实还是让她失望了。暂且不论在其他事情上亚历山大大帝是否备受赞誉，单从孝顺父母方面讲，他的确无可指摘。亚历山大大帝一生都善待奥林匹娅丝，并且非常敬重她。但在治理国家方面，亚历山大大帝一向很有主见，几乎从不向母亲妥协。亚历山大大帝自主制定并实施国家发展计划。即使与奥林匹娅丝发生争执，亚历山大大帝也从不退让。很快，奥林匹娅丝就意识到控制不了儿子，慢慢便不再争了。这样的结果并不让人意外——我们经常能见到面对丈夫时咄咄逼人、毫不退让的女人在儿子面前偏偏言听计从。

亚历山大大帝在位期间，王宫内风平浪静，但是平静只是表面上的。因为奥林匹娅丝只能和亚历山大大帝友好相处。一旦亚历山大大帝离开马其顿东征，她就开始不断与留在马其顿的文臣武将争吵。亚历山大大帝每次都能在冲突恶化前妥善处理。亚历山大大帝情商颇高，在化解大臣和奥林匹娅丝的矛盾时，既体现出自己对母亲的尊重，又能牢牢掌握马其顿王国的实权。

就这样，亚历山大大帝用贴心的照顾平息了奥林匹娅丝内心的怒火，让其享受马其顿王室的最高尊荣，同时，他又始终将奥林匹娅丝排除在核心权力之外。

亚历山大大帝东征时，留守马其顿的最高将领是安

亚历山大大帝东征

提帕特。安提帕特近七十岁高龄，德高望重。他才华横溢、智勇双全，不但是腓力二世的得力干将，也是马其顿王室的肱骨之臣。在亚历山大继位前，他已辅佐腓力二世多年。先王腓力二世非常信任、看重安提帕特，常对他委以重任。安提帕特虽然位高权重、威望极高，但谦逊朴实、待人随和，对所有人一视同仁，毫无私心，一心一意辅佐国王管理国家。宫中流传着许多安提帕特的逸闻趣事。从这些事中可以看出人们对安提帕特的评价。比如，有一次，有特别重要的事亟待腓力二世解决，但那天早上腓力二世睡过头了。之后，腓力二世安慰大臣们说："我今天醒得太晚啦。但我知道安提帕特肯定不会起晚。"就连亚历山大大帝也曾对安提帕特表达过崇高的敬意。比如，一次有人发现安提帕特竟然没有穿紫色长袍上朝——当时，紫色长袍象征尊贵，是马其顿的将领和大臣们的常服。但亚历山大大帝却回应道："其他人的紫色长袍是穿在身上，但安提帕特的紫色长袍却是穿在心上。"

　　总之，举国上下都非常敬重安提帕特，人们欣赏他的才干和品行。因此，在亚历山大大帝东征期间，马其顿的百姓都乐意接受安提帕特的统治。但奥林匹娅丝却一直找安提帕特麻烦。安提帕特遵照亚历山大大帝嘱托，

第一章 奥林匹娅丝和安提帕特

尽职尽责，一心为百姓着想，丝毫不向奥林匹娅丝妥协。奥林匹娅丝发现安提帕特不听指挥，就动用各种手段给安提帕特难堪，从而阻挠安提帕特开展工作。此外，她还不断给亚历山大大帝写信抱怨安提帕特。有的抱怨是在歪曲事实，有的是毫无依据的中伤。同样，安提帕特也不断写信给亚历山大大帝，抱怨奥林匹娅丝屡屡干政，不断给自己制造麻烦。最初，每逢安提帕特和奥林匹娅丝不合，亚历山大大帝都能妥善解决。但时间久了，亚历山大大帝也没了耐心，便决定另寻他人代替安提帕特。正好一批新招募的士兵即将从马其顿出发前往亚洲，亚历山大大帝便令安提帕特与他们同行。同时，亚历山大令结束服役的大将克拉特拉斯率兵回国。亚历山大大帝的计划是让安提帕特前往亚洲任职，由克拉特拉斯摄政。亚历山大大帝认为克拉特拉斯也许能和奥林匹娅丝友好相处。

计划本是等克拉特拉斯抵达马其顿后，安提帕特再动身前往亚洲。但克拉特拉斯尚未到达马其顿，亚历山大大帝就驾崩了。一夜之间，万事剧变，一堆问题纷至沓来。这一切彻底改变了奥林匹娅丝的处境和命运。马其顿王国的情况大致如此。接下来的故事情节比较复杂，需要读者仔细梳理。

亚历山大大帝驾崩后，人们首先要面对王位继承问题。那时，亚历山大大帝尚无子嗣，家族中也没有顺位继承人。在亚历山大大帝驾崩后不久，他的妻子罗克珊娜诞下一名婴儿。实际上，罗克珊娜是巴克特里亚贵族奥克夏特斯的女儿。当时，亚历山大大帝四处掳掠少女。为保护女儿，奥克夏特斯把罗克珊娜安置在粟特岩山的要塞。不幸的是，亚历山大大帝还是发现了她，并把她和其他少女带回马其顿。在数以千计的少女中，罗克珊娜最漂亮、可爱。于是，初见罗克珊娜，亚历山大大帝就决定娶她。罗克珊娜嫁给亚历山大大帝四年后，亚历山大大帝驾崩。他们的孩子出生后，罗克珊娜还非常年轻，风韵不减。

亚历山大大帝驾崩后数月，他的儿子出生了。除了儿子，亚历山大大帝还有一位同父异母的兄弟。这个兄弟宣称自己有继承权，其理由非常直白——他在亚历山大大帝驾崩前就已经存在，而亚历山大大帝的儿子在亚历山大大帝驾崩后数月才出生。亚历山大大帝这位兄弟叫腓力·阿里戴乌斯。他是低能儿，毫无政绩，非常平庸。他唯一值得一提的是位于亚历山大大帝继承人之列。阿里戴乌斯的母亲不是奥林匹娅丝，而是腓力二世的另一位妻子克利奥帕特拉。阿里戴乌斯变成低能儿是因为

亚历山大大帝与罗克珊娜

亚历山大大帝弥留之际。怀有身孕的罗克珊娜站在他的身边,十分悲伤

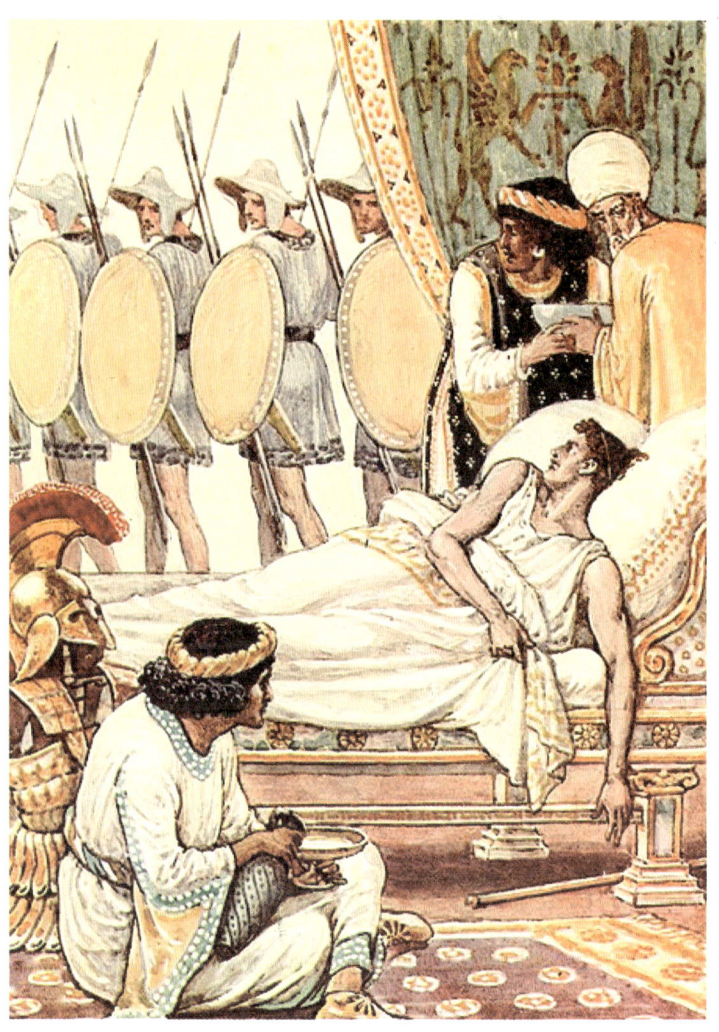

亚历山大大帝驾崩

皮洛士国王

阿里戴乌斯

他小时候曾遭奥林匹娅丝下药毒害。因为，奥林匹娅丝痛恨阿里戴乌斯的母亲，认为是他母亲导致腓力二世残忍地抛弃了自己。然而，毒药没夺走阿里戴乌斯的性命，却毒坏了大脑，使他智力低下。亚历山大大帝登基后，为避免母亲再次伤害阿里戴乌斯，抑或是出于其他的原因，他采取了多项措施，就连东征时也带上阿里戴乌斯。因此，亚历山大大帝驾崩时，阿里戴乌斯正陪在他身边。

虽有两位继承人，但一时之间，两人都无法胜任国王职位。亚历山大大帝的儿子尚年幼，阿里戴乌斯又是低能儿，两人完全没有处理政务的能力。于是，马其顿王国的权力落入亚历山大大帝的文臣武将手中。经过商议，他们最终决定让两位继承人共同继位。大臣们称阿里戴乌斯为腓力三世，称罗克珊娜的孩子为亚历山大四世，然后再以二人的名义划分帝国权力。

帝国权力划分情况如下：名将托勒密负责埃及以及非洲其他地区。托勒密是埃及法老系统的继承人，建立了举世闻名的托勒密王朝。托勒密王朝自托勒密一世始，到埃及女王克利奥帕特拉七世①兵败自杀为止，享国275年。安提帕特和克拉特拉斯负责管理马其顿、希腊以及欧洲其他地区。亚历山大大帝驾崩时，克拉特拉斯正奉命赶往马其顿。那时，克拉特拉斯身体欠佳，无法继续带兵。幸好亚历山大大帝派了名将波利伯孔协助他。回到马其顿后，波利伯孔在一系列事件中发挥了重要作用。

除了非洲的埃及、欧洲的马其顿和希腊以外，马其顿帝国还包括亚洲的叙利亚以及小亚细亚等地区。亚历山大大帝在世时，曾命将领治理这些地区。亚历山大大帝驾崩后，将领们纷纷掌握这些地区的权力。起初，这

---

① 即埃及艳后。——原注

托勒密

克利奥帕特拉七世自杀

种划分权力的办法维持了相对平稳的局面。虽然权力划分是以腓力三世的名义进行的,但幕后的实际操纵者却是大将佩尔迪卡斯。佩尔迪卡斯凭借权力优势掌握了帝国的军、政大权。显然,佩尔迪卡斯的真实目的是夺取政权。为达到目的,他拥护罗克珊娜的儿子登基,打算趁孩子年幼摄政。然而,他的计划遭到其他将领的反对。因为这些将领支持阿里戴乌斯登基。于是,军中形成两大阵营,矛盾愈演愈烈,剑拔弩张的状态久久无法消除,内战一触即发。如果内战爆发,巴比伦必定最先遭殃。最终,内战并未爆发。双方决定各退一步——由阿里戴乌斯和罗克珊娜的儿子共同执政,佩尔迪卡斯继续在巴比伦摄政。当时,罗克珊娜的孩子还没出生。因此仍以腓力二世的名义划分权力。实际上,一切都是佩尔迪卡斯的主意。他打算借此机会让反对他的将领远离巴比伦,从而最大程度减轻自己夺权的阻力。

帝国权力划分结束后,王国内部事务暂时得到解决。接下来佩尔迪卡斯开始考虑借外力扩大自身权力。显然,获取外力最好的办法就是缔结婚约。谋士们给佩尔迪卡斯推荐了两名人选。一位是奥林匹娅丝的女儿克利奥帕特拉,另一位是安提帕特的女儿尼西娅。两人都能满足佩尔迪卡斯借力的需求。克利奥帕特拉是一位年轻寡妇,

第一章 奥林匹娅丝和安提帕特

伊庇鲁斯国王亚历山大一世

她曾嫁给伊庇鲁斯国王亚历山大一世。她现在住在小亚细亚的萨迪斯。因为克利奥帕特拉是亚历山大大帝的妹妹，谋士们便强烈建议佩尔迪卡斯娶她。如果佩尔迪卡斯娶了克利奥帕特拉，他就能获得奥林匹娅丝和亚历山大家族的支持。佩尔迪卡斯觉得可行，便派人以自己的名义拜访克利奥帕特拉，并送去礼物。奥林匹娅丝和克利奥帕特拉以为事情就这么定了。

谁知安提帕特安排的一场特殊会面扭转了事情的走向。安提帕特直接派人把女儿尼西娅送到佩尔迪卡斯身边。当尼西娅抵达巴比伦时，佩尔迪卡斯的信使已经在去见克利奥帕特拉的路上。尼西娅见到佩尔迪卡斯后，向他详细阐述了与安提帕特结盟的好处。她提到，虽然奥林匹娅丝名号响,但她没有实权。相反,安提帕特不但统辖着当时世界上最富有、人口最多的国家,而且手握重兵,统领着当时世界上作战最勇猛、纪律最严明的军队。虽然安提帕特年事已高,但仍是一名得力干将。这番话让佩尔迪卡斯觉得安提帕特的确比奥林匹娅丝有优势,尼西娅的话彻底说服了佩尔迪卡斯。最终,佩尔迪卡斯娶了尼西娅。奥林匹娅丝本来就特别讨厌安提帕特,现在得知安提帕特竟取代自己与佩尔迪卡斯结盟,更是窝火极了。

在佩尔迪卡斯定下婚约后,腓力三世的婚事也提上日程。马其顿王室中有一位叫库娜涅的女人。她是先王腓力二世的女儿、亚历山大大帝同父异母的妹妹。库娜涅有个女儿叫艾达。库娜涅打算把这个女儿嫁给腓力三世,这样她就可以像罗克珊娜和她刚出生的孩子一样,得到佩尔迪卡斯的保护。为实现目标,库娜涅带着艾达前往亚洲。其实,对库娜涅和艾达来说,这个计划异常凶险。因为佩尔迪卡斯压根不想让腓力三世娶妻生子,更何况这位妻子还是马其顿王室成员。得知库娜涅的计划后,佩尔迪卡斯非常气愤,立即派人拦截追杀她们。然而,佩尔迪卡斯没想到自己的做法引起了马其顿全军将士的不满。将士们认为自己有义务守护亚历山大家族的每位成员，因此，他们不允许任何人以任何方式伤害库娜涅和艾达。面对士兵的强烈抗议，佩尔迪卡斯非常害怕，他立即收回先前的命令。不但如此，为弥补过错、平息众怒，在艾达抵达巴比伦时，佩尔迪卡斯甚至盛情款待了她，同意她嫁给国王腓力三世。艾达如愿嫁给腓力三世，人们的怒气平息了。艾达就是欧律狄刻二世，她在历史上留下了重要的一笔。

在佩尔迪卡斯和腓力三世各自缔结婚约之际，欧亚地区的马其顿王国的将领们也在处处较劲。朝局之下暗流涌动。但这种状态没有波及伊庇鲁斯，在此就不详述了。我们只需要知道，佩尔迪卡斯丝毫没有放缓夺权的脚步。他一步步地制定计划，企图将整个王国的权力归为己有。身处马其顿的安提帕特也与他多次碰面，密谋夺权大计。划分权力注定要使国家出现地方与中央抗衡的局面。最初，这种抗衡主要表现为小规模的冲突。考虑到女儿嫁给了佩尔迪卡斯，安提帕特不敢公开与佩尔迪卡斯对抗。但随着矛盾不断升级，佩尔迪卡斯最终决定抛弃尼西娅，迎娶克利奥帕特拉。安提帕特得知消息后，立即决定向佩尔迪卡斯开战。战事分两条战线。佩尔迪卡斯率领一支军队，带腓力三世、欧律狄刻二世、罗克珊娜及她的孩子亚历山大四世，向埃及进发，与托勒密开战。与此同时，安提帕特和克拉特拉斯率领一支庞大的军队穿过达达尼尔海峡向小亚细亚进发，准备攻打巴比伦的佩尔迪卡斯。佩尔迪卡斯便派一名杰出的将领率军在小亚细亚迎战安提帕特和克拉特拉斯，自己在埃及带兵作战。

这场战事给佩尔迪卡斯致命的打击。而安提帕特克服了重重困难，成功穿过小亚细亚。不幸的是，克拉特拉斯在一次战役中丧生了。虽然克拉特拉斯倒下了，但他率领的部队最终取得了战役的胜利。自此，战事朝着对佩尔迪卡斯不利的方向发展。在埃及，佩尔迪卡斯的军事行动也非常不顺。大军行至埃及边境时，佩尔迪卡斯突然发现自己的士兵压根无心对抗托勒密。原因是托勒密是一位受人敬重的老将，他心怀正义，聪明能干，一直悉心治理埃及，并且他为人谦逊，深得民心。佩尔迪卡斯对将士们的表现非常不满，他懊恼地称他们为"叛徒"，并扬言要狠狠惩罚他们。这让将士们非常气愤。起初将士们只是低声抱怨，后来就开始向佩尔迪卡斯高声抗议："你又不是我们的国王，凭什么这样飞扬跋扈？你只是辅佐国王而已，竟然这么目中无人，我们才不要听你的。"听到将士们这番话，佩尔迪卡斯非常惊讶，他没想到军中将士对自己竟如此不满。于是，他赶紧改变说话的口气，不断安抚将士。最终，他勉强重振军纪，率兵进入埃及。

率军横渡尼罗河后，佩尔迪卡斯在一处坚固的堡垒中对托勒密一方发起攻击，而他自己掩藏在军队后面。虽然佩尔迪卡斯的军队人数多，但士气比较低落。而托勒密的将士非常敬重自己的首领，他们士气很高，个个斗志昂扬。很快，佩尔迪卡斯损失惨重，败下阵来。于是，他决定率兵撤回尼罗河另一边。将士们到达河岸开始横渡时，他们发现尼罗河水在慢慢上涨。但令人惊讶的是当大概二分之一的士兵过河后，河水竟涨至腰际，将士们完全无法通过。对此，人们非常困惑，毕竟岸边标记水位的刻度没有发生变化。后来，人们终于意识到，水位上涨反常是因为渡河过程中前行的将士和战马搅起的河底泥沙被河水冲走了，而将士和战马的数量越多，泥沙流失得就越快。最后，军队才渡过一半，河水就已经深到无法徒涉。一半军队在对岸，而自己和剩下的一半军队困在河这边，佩尔迪卡斯陷入两难境地。

佩尔迪卡斯意识到这样的处境非常危险，因此惊恐万分，绞尽脑汁应对。可他思来想去还是一头雾水，不知如何是好。最后，为了将军队集结在一处，他下令让尼罗河对岸的将士排除万难渡回河这边。将士们只能照做。但在渡河过程中，河水淹过许多将士的头，并将他们卷入漩涡冲走。与此同时，河两岸的鳄鱼更是伺机而动，争相吞食那些死去或濒死的将士。在整个渡河过程中，大概有两千名将士丧生。

尽管评判军事行动成功与否的唯一标准是战役能否取得成功，但将士们惨死的场面还是再次激怒了众将士。很快，佩尔迪卡斯的军队发生了兵变。军中的将领各自率领大批士兵投靠托勒密。而留下来的将士不是为了保护佩尔迪卡斯，而是为了杀他。为防止佩尔迪卡斯逃跑，将士们派一队战马围在佩尔迪卡斯营帐周围。然后将士们冲进营帐，佩尔迪卡斯在惊恐与绝望中死去。

托勒密到达佩尔迪卡斯的营地受到了众将士的热烈欢迎。全军将士自愿归降。紧接着，托勒密开始安排众将士护送国王以及随从回国。将领皮东受命接管佩尔迪卡斯的军队，并负责护送王室成员回国。与此同时，安提帕特也击败佩尔迪卡斯的军队成功进入亚洲。人们再次召开会议，重新划分帝国权力。在新的帝国版图中，安提帕特依旧负责管理马其顿和希腊，以国王的名义摄政。一切安排妥当后，安提帕特率军护送腓力三世、欧律狄刻二世、罗克珊娜和亚历山大四世以及随行人员回国。当时，这位德高望重的老将已八十多岁。得知他回

罗克珊娜和亚历山大四世

国的消息后，马其顿的百姓列队欢迎。实际上，人们欢迎安提帕特回国有几方面原因：一是他率领大军东征亚洲凯旋，值得庆贺；二是他把马其顿王室血脉带回；三是他还要继续辅佐两位新王，并以国王的名义摄政。所以，马其顿的百姓会热烈欢迎安提帕特回国。

第二章

卡山德

精彩看点

安提帕特的宿敌——安提帕特与奥林匹娅丝、欧律狄刻二世的矛盾——欧律狄刻二世的品性——欧律狄刻二世霸道傲慢之举——特里帕拉迪乌斯会议——欧律狄刻二世的激烈言辞——安提帕特处境危险——欧律狄刻二世被迫妥协——安提帕特病重——安提帕特安排身后事——波利伯孔邀请奥林匹娅丝返回马其顿——卡山德计划发动叛乱——假意举行狩猎聚会——卡山德向朋友们详述自己的计划——朋友们同意加入——奥林匹娅丝害怕返回马其顿——卡山德和波利伯孔之间的战斗——反常的事件——波利伯孔的坑道——成功实施——冲突——大象引发的恐慌——应对策略——铁钉——奥林匹娅丝决定返回马其顿——欧律狄刻二世的军队抛弃了她——战车中的奥林匹娅丝——欧律狄刻二世被捕——她被送入地牢——腓力三世驾崩——欧律狄刻二世的绝望——牢房——欧律狄刻二世的悲惨结局——卡山德的回城——奥林匹娅丝备战——围攻皮德纳——卡山德的行动计划——奥林匹娅丝求助波利伯孔——狱中的奥林匹娅丝——奥林匹娅丝的最终结局返回马其顿时，安提帕特已荣誉满满、重兵在握。但并非所有人都欢迎他。比如，奥林匹娅丝和欧律狄刻二世就视他为仇敌。她们野心勃勃、脾气暴躁，都曾不断找安提帕特麻烦。不过，可笑的是，这两人的矛盾更尖锐了。

安提帕特回国时，奥林匹娅丝待在伊庇鲁斯并不想回去。因为回去就意味着她要屈服在安提帕特的权势之下。即使身处异地，奥林匹娅丝还是给安提帕特制造了很多麻烦，因为她本来就憎恶安提帕特。安提帕特后来又用计让佩尔迪卡斯娶了自己的女儿尼西娅，从而破坏了奥林匹娅丝的联姻计划，这让奥林匹娅丝十分气愤。因此，尽管此时尼西娅和佩尔迪卡斯已经去世，奥林匹娅丝还是无法原谅安提帕特。

比起奥林匹娅丝，欧律狄刻二世更让安提帕特头疼。

欧律狄刻二世虽为女人，却有男子气概。欧律狄刻二世小时候，母亲库娜涅把她当男孩培养，让她学习各种军事技能。欧律狄刻二世会射箭，会投标枪，还能率领骑兵。嫁给腓力三世后，欧律狄刻二世认为将领只是辅佐国王的，最多也只是摄政，而自己贵为王后，权力必定比将领大。因此，欧律狄刻二世表现得非常不可一世。在出征埃及途中，佩尔迪卡斯就发现难以驾驭欧律狄刻二世。佩尔迪卡斯死后，欧律狄刻二世更加飞扬跋扈。在回国途中，她还不时与皮东争吵，并且坚决不同意安提帕特摄政。

关于安提帕特的摄政会议在叙利亚的特里帕拉迪苏斯举行。安提帕特率军穿过小亚细亚在这里与埃及军队会合。两军会和后，会议立即召开。在会上，欧律狄刻二世坚决反对安提帕特摄政。安提帕特便指责她有意制造事端，这让欧律狄刻二世相当恼火。最终，安提帕特获得摄政权。于是，欧律狄刻二世愤然离场，在全军将士面前发表了一番慷慨激昂的演说。欧律狄刻二世严词控诉安提帕特，试图激起将士发动叛乱。尽管安提帕特冷静地对欧律狄刻二世的控诉一一作出辩驳。但欧律狄刻二世激烈的言辞还是激起将士们的愤怒。很快，军中爆发叛乱。安提帕特一度处境危险，幸好几位将领冒着生命危险把他从包围中救出。

最终，混乱的场面被控制住，将领们保留了安提帕特的任命决议。此时，欧律狄刻二世意识到自己不得不屈服。实际上，在制造混乱后，欧律狄刻二世依然没有实权。但她一向行事果决、能屈能伸。当她意识到搞不垮安提帕特后，虽然不甘心，但还是向现实妥协了。这就是安提帕特和欧律狄刻二世在返回马其顿途中的较量。

安提帕特很清楚，回到马其顿后，自己和奥林匹娅丝以及欧律狄刻二世的较量还会继续。但谁也没想到，较量还没开始就结束了，安提帕特回到马其顿不久就身患重病，加上年老体衰，很快便卧床不起，奄奄一息。安提帕特知道自己将不久于人世，便立即着手权力交接事宜。

读者们应该记得，前文提到，亚历山大大帝驾崩时，克拉特拉斯正在返回马其顿的路上。当时，与克拉特拉斯同行的将领叫波利伯孔。波利伯孔名义上是克拉特拉斯的副将，但实际上由于克拉特拉斯体弱多病，波利伯孔一直掌握着军中实权。后来，安提帕特和克拉特拉斯前往亚洲攻打佩尔迪卡斯时，让波利伯孔在马其顿摄政，直到他们返回马其顿。安提帕特有个儿子叫卡山德，是一名将领。卡山德一直以为父亲安提帕特在外征战期间会将王国的权力交给自己，但安提帕特最终让波利伯孔摄政。波利伯孔熟知马其顿王国的大小事宜。同时，波利伯孔的管理能力也很强，百姓都乐意接受他的统治。因此，安提帕特决定死后把王国的权力交给波利伯孔。于是，安提帕特留下遗嘱，把军队的最高权力交给波利伯孔，而卡山德只需负责王国的其他事务。对此，卡山德一直无法释怀。但在马其顿的百姓心中，安提帕特的形象更加高大了。因为在权力转移问题上，安提帕特把家族的利益让位百姓的福祉。人们称赞安提帕特的做法前无古人。

病床上的安提帕特特意嘱咐波利伯孔要警惕女人，千万不要让女人染指国家权力。他说："女人本性冲动，容易感情用事。但处理国事需要冷静、慎重、自制，而这些都是女人缺乏的。因此，你一定要当心啊！"虽然安提帕特没有明说，但大家都知道他指的是奥林匹娅丝和欧律狄刻二世。她们一向麻烦，可以想象，在安提帕特去世后，她们会更加肆无忌惮。

然而，波利伯孔似乎并没将安提帕特的建议放在心上。安提帕特死后，波利伯孔立即召开会议商讨国家大事。其中一项决定就是立即派人去伊庇鲁斯接奥林匹娅丝。波利伯孔认为奥林匹娅丝是亚历山大大帝的母亲，马其顿的百姓都特别尊敬她。既然奥林匹娅丝的影响力巨大，那么，赢得奥林匹娅丝的支持就能巩固自己的权力。波利伯孔一边笼络奥林匹娅丝，一边刻意疏远卡山德以及安提帕特家族的其他成员。在波利伯孔的心中，安提帕特的家人是自己的对手，因此要压制住他们。

安提帕特的儿子卡山德是一员猛将。他处事冷静果决，然而壮志难酬。波利伯孔继任期间，他一直行事低调。卡山德暗中观察波利伯孔的一举一动，默默筹划夺权。比如，一次，卡山德约了几位好友去狩猎。途中，他们到了一处比较隐蔽的地方，卡山德把朋友们召集在一起，告诉他们自己再也不想受波利伯孔控制了。他说："我卡山德才是正经的继承人，所以我一定要夺回属于我的东西。"接着，卡山德劝说朋友们加入自己的夺权计划。

卡山德的理由非常充分。首先，他说："加入我的队伍，你们才能保住性命。"因为这些人都是安提帕特的好友和亲信，而波利伯孔一直拉拢的奥林匹娅丝非常讨厌安提帕特，所以最后奥林匹娅丝很容易把仇恨转移到安提帕特的好友和亲信身上。其次，卡山德提出亚洲地区的文臣武将非常支持自己，因为他们曾与安提帕特交好，他们非常乐意帮助卡山德。再次，卡山德认为腓力三世和欧律狄刻二世也会加入自己的阵营。因为他们和奥林匹娅丝一向不和，而波利伯孔拉拢奥林匹娅丝的行为必然会引起腓力三世和欧律狄刻二世的不满。

很快，卡山德的朋友就接受了建议。一切都朝着卡山德预期的方向发展。亚洲地区的文臣武将向卡山德提供了切实的帮助。另外，奥林匹娅丝同意支持波利伯孔一事让欧律狄刻二世下定决心支持卡山德的夺权大计。不久，卡山德和波利伯孔之间爆发了一场恶战。战事在希腊展开，后来波及离马其顿较远的一些国家。对于这场战事，无需赘述，毕竟战事中心不在马其顿，而且我们讨论的敌对双方都没有直接受到战事影响。

在这里需要说明一点，最初，波利伯孔请奥林匹娅丝回国时，奥林匹娅丝并没有直接答应。她一直犹豫不决，便咨询朋友，但谁也说不准哪条路更好。奥林匹娅丝深知自己从前树敌颇多，因此，只要她回到马其顿，敌人就会再次出手。此外，马其顿的政局尚不明朗。虽然安提帕特将王国权力交给了波利伯孔，但目前还不知道民众是否接受这种安排，也不知道波利伯孔的权力是否稳固。因此，奥林匹娅丝决定继续留在伊庇鲁斯，与波利伯孔就王国事务保持联系。与此同时，奥林匹娅丝还密切关注波利伯孔与卡山德在希腊的战事。战事爆发

第二章 卡山德

时，奥林匹娅丝非常焦虑。

卡山德的力量不容小觑。他从亚洲盟友那里借来大批兵力。加上他作战勇猛、善于用兵，很快就将波利伯孔的军队打得节节败退。波利伯孔想尽办法，还是无法扭转局势。就在这时，一件奇特的事情发生了。伯罗奔尼撒半岛上有一个叫密格勒波利斯的小城，这里的人拥护卡山德。波利伯孔派人到这里招降时，小城里的百姓将所有物品和人员全部清空，俨然备战姿态。于是，波利伯孔只好率军攻城。

首先，波利伯孔派兵包围了小城。然后，他命人一边四面出击吸引小城守卫士兵的注意，一边命工兵悄悄在城墙下挖掘坑道。具体做法是：先挖一条通往城墙地基的通道。将基地挖空之后，用支撑物来顶住上面的建筑。一切准备妥当后，工兵将支撑物推倒，地面建筑就会随之塌陷。如果施工顺利的话，小城的人丝毫不会察觉，最后只能眼睁睁看着城墙瞬间坍塌、防线出现缺口。最终，波利伯孔成功完成了这项计划。三座哨塔连带周围的城墙轰然倒塌，力度大到使哨塔的一半直接没入地下，现场只留下一片废墟。

小城的守军立即抢修城墙，防止敌人攻入。波利伯孔则派一支劲旅从缺口强势攻入。小城的士兵拼死抵抗，后来城中壮丁也纷纷加入战斗，抵御外敌。城中的妇女和儿童则趁机匆忙在城墙内侧建造另一条防线来修补缺口。最终，小城的百姓成功击退了敌人。就在城中百姓庆祝自己劫后重生时，传来一个特别恐怖的消息——围城的人要派大象强行冲过缺口。当时，亚洲人在战事中用大象，但希腊人却很少用。现在波利伯孔的队伍却有很多头大象。小城的百姓得到消息后非常恐慌，仿佛已经看到自己惨死在大象的脚下，人们完全不知如何应对。

亚洲战象

第二章 卡山德

庆幸的是，小城里有一位叫达米德斯的士兵，他年轻时曾追随亚历山大大帝东征。达米德斯找到小城战事的总指挥，对他说："没什么可怕的。您继续准备防御事宜，大象的事情就交给我吧。相信我，我一定会搞定那些大象。"指挥官接受了他的建议。于是，达米德斯立即命人打造大量铁钉，然后把这些铁钉牢牢钉在木桩的一端，再把这些木桩固定在战壕和城墙缺口附近。固定木桩时，达米德斯特意让人把铁钉尖锐的一侧朝外，让铁钉突出。然后再往木桩上盖上稻草等，让人看不出来。

一切准备妥当后，战斗再次爆发。大象冲向城墙缺口时纷纷踩到铁钉，象群陷入混乱，无法前行。有的大象伤得太重，倒在地上站不起来；有的大象受到刺激已然癫狂，便回转身向反方向奔去，结果在奔逃过程中把驯兽师踩死了。很快，战壕附近就堆满了大象和敌军士兵的尸首。面对这一场景，波利伯孔不得不放弃攻城。

最终，卡山德获胜，波利伯孔退回马其顿。

波利伯孔和卡山德在希腊大战时，奥林匹娅丝决定返回马其顿助波利伯孔一臂之力。当时，伊庇鲁斯的国王是奥林匹娅丝的弟弟。他派一支军队护送奥林匹娅丝回国。奥林匹娅丝打算在伊庇鲁斯到马其顿的途中与波利伯孔会合。欧律狄刻二世听说奥林匹娅丝要返回马其顿就非常恐慌，因为奥林匹娅丝是她最大的政治对手。欧律狄刻二世非常清楚，一旦奥林匹娅丝回国，从波利伯孔手中得到权势，马其顿就不可能有自己和丈夫的容身之地了。于是，欧律狄刻二世立即召集人马武装起来，组成一支庞大的队伍。欧律狄刻二世任总指挥。她还派人给卡山德送信，要求他立刻返回马其顿协助自己。同时，她还以腓力三世的名义向波利伯孔下令，要求他把兵权交给卡山德。当然，这只是幌子。欧律狄刻二世很清楚，波利伯孔不可能听令行事。一切安排妥当后，欧律狄刻二世以迎接波利伯孔回国的名义率军出城。一旦波利伯孔拒绝交出兵权，她就向波利伯孔宣战。

然而，见到奥林匹娅丝时，欧律狄刻二世所有的计划都化为乌有。两军靠近时，欧律狄刻二世的士兵完全放弃了进攻。他们看到奥林匹娅丝，就想起奥林匹娅丝是先王腓力二世的妻子、亚历山大大帝的母亲，现在她返回了自己的国家。而此刻，奥林匹娅丝就坐在精致的马车里，身后波利伯孔的军队都以她为尊，奥林匹娅丝俨然女王。这让欧律狄刻二世的士兵异常激动，他们纷纷抛弃欧律狄刻二世加入波利伯孔的队伍。

可想而知，欧律狄刻二世和丈夫腓力三世成了波利

第二章 卡山德

欧律狄刻二世和丈夫腓力三世成了波利伯孔的阶下囚

伯孔的阶下囚。看到劲敌最终落入自己手中，奥林匹娅丝极度兴奋。她命人把欧律狄刻二世和腓力三世关进地牢。地牢的空间只勉强容人站立，连转身的空间都没有。无人理会他俩，只有狱卒不时从墙上的洞口投入糙食。困住欧律狄刻二世后，奥林匹娅丝开始拿安提帕特的族人泄愤。此时，卡山德连忙率军从塞萨里亚往马其顿赶。奥林匹娅丝派人抓了安提帕特另一个儿子尼卡诺。最后奥林匹娅丝杀死了包括尼卡诺在内一百多位安提帕特的家人和朋友。事实上，奥林匹娅丝对安提帕特家族的恨意几近疯狂。安提帕特有一个已去世多年的儿子，奥林匹娅丝还命人掘开坟墓，把尸骨拖出来扔到街上。奥林匹娅丝身边的人慢慢地开始对她的暴行表示不满。然而，这些人的不满不仅没让奥林匹娅丝收敛，反而进一步刺激了她。她命人用匕首刺死腓力三世。残忍杀害腓力三世后，奥林匹娅丝还命行刑者带着匕首、绳索和毒酒到欧律狄刻二世面前让她选择一种死法。听到这话，欧律狄刻二世回应说："我祈求上苍，愿日后奥林匹娅丝也有这种选择！"说完，她先撕开身上的亚麻长裙把丈夫的伤口包好。接着，她没有选择奥林匹娅丝给的死法。而是从裙子上撕下一条带子勒紧脖子窒息而亡。

马其顿城的事情很快就传到卡山德这里。那时，卡山德正率军向希腊北部行进。从希腊到塞萨里亚途中，他要经过塞莫皮莱关。但卡山德发现波利伯孔派兵守在这里阻碍他通行。于是，卡山德立即命人将所有船只集中到一起，然后让士兵们登上甲板，从海路通过峡谷。在塞萨里亚着陆后，然后向马其顿行进。

卡山德率军向马其顿开进时，波利伯孔和奥林匹娅丝也在积极备战。奥林匹娅丝带着罗克珊娜以及五岁的亚历山大四世到马其顿王国各城邦游说，号召人们拿起武器，踊跃参军。同时，她还四处筹集钱财和物资。奥林匹娅丝还派人前往伊庇鲁斯，恳请皮洛士的父亲，也

第二章 卡山德

就是国王埃阿喀得斯率军前来援助。与此同时,波利伯孔也在想方设法增强自身实力。

进入马其顿后,卡山德兵分两路。他的得力干将率领一支军队对战波利伯孔;而他自己则率兵追赶奥林匹娅丝。奥林匹娅丝听到卡山德回城就赶紧逃到马其顿东南部的皮纳德城。皮纳德城位于爱琴海岸。奥林匹娅丝深知自己的兵力不足以抵抗卡山德,于是就在皮纳德城内建造防御工事。卡山德很快抵达皮纳德城外,他发现这座城易守难攻,于是决定派兵从陆路和海路包围这座城。

皮纳德城内没有储备足够的粮草。很快,城内物资匮乏。奥林匹娅丝要求百姓忍一忍,她告诉他们已经向伊庇鲁斯求助了,很快国王埃阿喀得斯就会率大军来支援。她所言不假,但奥林匹娅丝没有料到,卡山德也得知了这个消息。卡山德当然不会无动于衷,他派出了大批兵力赶往马其顿和伊庇鲁斯交界处,阻拦奥林匹娅丝的援军。卡山德的计划非常成功。埃阿喀得斯到达边境后,发现通往马其顿的路上全是卡山德的兵。埃阿喀得斯多次强攻都没成功。统率伊庇鲁斯大军的将领本就不愿参与这场战事。强攻未果后,将领们一气之下率军回国。但他们深知,公然抗命和发动叛变一样,一旦开始

043

就最好继续到底。因此，将领们干脆一不做二不休，废黜了埃阿喀得斯，转而扶持王室中的另一人登上王位。正如第一章提及的，皮洛士当时才两岁，侍从连夜将他带离伊庇鲁斯，皮洛士才幸免于难。我们会在下一章详述这次叛乱的经过以及皮洛士逃亡的具体情况。在这里，我们要说的是，埃阿喀得斯援救奥林匹娅丝的计划失败了。因此，奥林匹娅丝现在只能依靠皮纳德城的防御工事了。

皮德纳城内的物资越来越匮乏。奥林匹娅丝、罗克珊娜和亚历山大四世以及其他人已不再讲究，他们甚至开始吃马肉。城内的将士已经饿到疯狂，纷纷抢食死去伙伴的尸体。据说，将士们已经开始吃大象。终于，城中的将士和百姓忍无可忍，纷纷在夜里逃走，投奔卡山德。奥林匹娅丝坚决不投降。因为她还把最后一丝希望寄托在波利伯孔身上。她派人给波利伯孔送了一封信，请求他在夜间派船来皮纳德城外，让她趁夜色逃走。卡山德截获了这封信，读完后他命信使继续赶路，把信送到波利伯孔手中。信使按照卡山德的吩咐做了。波利伯孔派出船只前去接应奥林匹娅丝。当晚，卡山德亲自截获了船只。奥林匹娅丝最后一丝希望也破灭了，她只好打开城门投降。随后，卡山德接管了这座城。

第二章 卡山德

听到奥林匹娅丝投降,安提帕特的族人非常高兴。奥林匹娅丝掌权时,安提帕特的家人和朋友惨遭迫害。现在,他们都要求卡山德严惩奥林匹娅丝。但奥林匹娅丝不愿在皮纳德接受审判,她请求回马其顿。奥林匹娅丝这么做的原因在于她知道自己在马其顿百姓心中声望颇高,她认为马其顿人不会处死她。卡山德也担心马其顿人不会处死奥林匹娅丝。虽然卡山德并不想杀一个手无寸铁的囚徒,但他真的想让奥林匹娅丝死。于是,卡山德想了一个办法。他让人建议奥林匹娅丝拒绝接受审判再找机会偷偷跑去雅典。其实他的想法是,如果奥林匹娅丝真的逃跑,他就能以处决逃犯的名义杀了她。但奥林匹娅丝可能识破了卡山德的计谋,她没有逃走。于是,卡山德只好派一支两百人的队伍去杀掉奥林匹娅丝。

这支队伍里都是马其顿人。面对奥林匹娅丝,他们竟然忍不住发怵。毕竟这么多年来,奥林匹娅丝一直高高在上,士兵们向来只能仰望她,连靠近的机会都没有。而现在,他们竟要亲手结束奥林匹娅丝的生命。不得不说这是一项艰巨的任务,一时之间无人敢动手。碰巧的是,一些士兵的亲人曾惨死在奥林匹娅丝手中。此时,这些人鼓起勇气,冲上去用利剑杀了奥林匹娅丝。

奥林匹娅丝之死

将罗克珊娜和亚历山大四世关押多年后,卡山德意识到,亚历山大大帝的儿子会威胁自己的统治。于是,他派人暗杀罗克珊娜和亚历山大四世。

第三章

皮洛士的早年生活

精彩看点

伊庇鲁斯家族——家族的问题——两个亚历山大——他们的不同命运——亚历山大大帝的征程——塔伦图姆湾——多多纳神谕——模棱两可的预言——本德里亚——洪水不期而至——洪水带来的后果——桥梁被冲毁——悲伤之河——亚历山大一世驾崩——他的尸体落入水中——一位女人要去了亚历山大一世的尸首——奥林匹娅丝——埃阿喀得斯前往皮纳德营救奥林匹娅丝——帮助皮洛士逃亡的族人——半路受阻——送信的奇思妙想——木筏——皮洛士被带到伊利里亚——面对格劳西亚斯时皮洛士的表现——皮洛士长大成人——卡山德的计划——格劳西亚斯协助皮洛士登上王位——叛乱——皮洛士再次逃亡——皮洛士支持德米特里厄斯——皮洛士获得盛名——皮洛士成为人质——皮洛士在埃及的处境——托勒密王朝中的皮洛士

我们在前两章简单介绍了马其顿王国的部分历史。这部分历史能帮助我们理解皮洛士登上历史舞台之际伊庇鲁斯王室出现问题的根本原因。实际上，伊庇鲁斯王室出问题的原因分两方面。一方面是伊庇鲁斯的王位继承权不明确。伊庇鲁斯王室有两大分支，两个分支都宣称自己有继承权。这正是奥林匹娅丝不断干涉母国内政造成的后果。另一方面，在马其顿和卡山德对抗时，奥林匹娅丝请求当时伊庇鲁斯的国王埃阿喀得斯离开伊庇鲁斯前往马其顿支援她。当埃阿喀得斯离开伊庇鲁斯，伊庇鲁斯王室另一分支立即发动政变，拥护自己这支的王子登上王位。

当初奥林匹娅丝力排众议让弟弟亚历山大一世登上王位。亚历山大一世是涅俄普托勒穆斯一世的儿子。而王室的另一分支由涅俄普托勒穆斯的兄弟阿莱拜斯及其后代组成。亚历山大一世与亚历山大大帝几乎是同时进入事业巅峰期，而且他们的性格十分相似。当亚历山大大帝东征时，亚历山大一世正着手征服意大利。他们一个向东行进，一个向西行进。他们都认为自己是世界的主宰。最后，亚历山大大帝铸就伟业，盛名响彻天地。而亚历山大一世则壮志难酬，几乎被世人遗忘。

亚历山大大帝和亚历山大一世的成就不同的重要原因是两人的所要征服对象差别很大。亚历山大一世向西出征希腊，他面对的是罗马战士。而罗马战士素来以强壮粗犷、意志坚定、不可战胜著称。亚历山大大帝东征亚洲。那里虽然士兵数量众多，军队声势浩大，但实际上这些军队只是虚有其表，根本无力对抗强敌。正如亚历山大一世所说："我之所以失败，是因为我要面对的是那些勇猛的战士。而我的侄子之所以能成功，是因为他面对的是手无缚鸡之力的女人。"

无论事情真相如何，最后，亚历山大一世的事业在意大利遭到毁灭性打击。实际上，亚历山大一世并非主动攻打意大利。当时，塔伦图姆正与邻国交战，塔伦图姆的百姓向亚历山大一世求援。塔伦图姆城位于意大利西海岸，往南是著名的塔伦图姆湾。从地图上看，意大利整体呈靴型条状，而塔伦图姆湾正好在脚

行进中的罗马战士

后跟位置。塔伦图姆与伊庇鲁斯中间隔着亚得里亚海,两地相距三十二万多米的距离。从伊庇鲁斯向南行驶,再往北穿过塔伦图姆湾就能到达塔伦图姆。塔伦图姆湾北边的亚得里亚海较狭窄,两岸距离大概只有八万米。如果走这条航线,在抵达意大利海岸后,再行进八万米就能到达塔伦图姆城。

在确定是否协助塔伦图姆城之前,亚历山大一世派人去伊庇鲁斯著名的多多纳神示所求问神明自己此番出征是否能平安归来。神谕给出答案:"阿刻戎河之水会将你吞没,本德里亚会是你永远的归宿"。

听到这样的答案,亚历山大一世一下子就安心了。因为阿刻戎河是伊庇鲁斯境内的河流,而本德里亚是阿刻戎河岸边的小镇。所以,亚历山大一世觉得,神谕暗示他自己将来会在伊庇鲁斯境内去世。换言之,此番出征不会有危险。于是,亚历山大一世从伊庇鲁斯扬帆起航,前往意大利。他坚信自己不会埋骨他乡。因此,每场战役亚历山大一世都会拼尽全力。他奋勇作战,毫不退缩,创造了一个又一个军事奇迹。但他不知道,意大利也有一条河叫阿刻戎,一个小镇叫本德里亚。

在很长一段时间里,亚历山大一世这边捷报频传。他攻下许多城池,伊庇鲁斯的疆域不断扩大。为了巩固统治，亚历山大一世让旧城主继续统治已被攻下的城池，同时把城主的孩子送到伊庇鲁斯做人质。后来的一次战役中，考虑到军队安全，亚历山大一世把军队分到三处安营扎寨。营地分别驻扎在三座山上。三座山相距不远，山丘中间是低地和溪流。将士们安顿好之后，彼此还能喊话交流。但很快，暴雨来袭，溪水迅速上涨，淹没了山间低地。就在这时，敌军趁机袭击了两处营寨，亚历山大一世束手无策，无法支援。敌人偷袭成功后迅速将营地夷为平地。营地的将士四处逃窜。见此惨状，伊庇鲁斯的将士们心灰意冷，公然投诚倒戈。他们向敌军承诺，只要留住他们的性命，他们一定将亚历山大一世送过来。敌军接受了这个建议。亚历山大一世认清自己的处境后，就率领一批忠义之士冲破敌军的河岸封锁线，顺利逃到附近的树林里。亚历山大一世拼命地跑，他想起附近有条河，河边有一座桥。他想，只要过了桥，再把桥梁摧毁阻断敌人的追击，就可以保证自己的安全了。跑到河边后，他发现河水淹没了桥梁。情急之下，他骑马渡河，全然不顾流水多急。亚历山大一世的随从见到这种危险的情形，不由自主地高喊："不得了啦，这条河叫阿刻戎河。"阿刻戎河的原意是"悲伤之河"。

听到随从的喊叫后，亚历山大一世才意识到神谕里说的那条河也许就是眼前这条河。想到这里，他瞬间紧张起来，不知道如何是好。就在此时，随从再次大喊提醒他叛军到了。听到这个消息，亚历山大一世毅然决定继续前行。最后，他顺利抵达对岸。然而，敌军的一支标枪射中了他，亚历山大一世当场丧命。他的尸首落入水中，漂流而下，最后竟漂到了河流下方敌军的营地里。敌军将亚历山大一世的尸首拖上岸百般侮辱。最后，他们将亚历山大一世的尸首拦腰斩断，其中一半当作战利品运回城，另一半立在营地供士兵练习投掷标枪。

最后，一个女人来到营地，哭着恳求士兵们将亚历山大一世残缺不全的尸首给她。因为她的丈夫和孩子都在伊庇鲁斯当人质，她想用尸首换回亲人。士兵们同意了她的请求，他们把尸首合在一起，送到奥林匹娅丝那里。奥林匹娅丝为亚历山大一世举行了盛大的葬礼。我们相信奥林匹娅丝会释放那个女人的丈夫和孩子，但实际情况我们不得而知。

毫无疑问，亚历山大一世驾崩极大地削弱了涅俄普托勒穆斯一世这一支的力量。最终，亚历山大一世的兄弟没能继承伊庇鲁斯王位。王位由另一分支的埃阿喀得斯继承了。埃阿喀得斯就是皮洛士的父亲。也许人们会说，奥林匹娅丝一定会反对埃阿喀得斯继位。但实际情

第三章 皮洛士的早年生活

况正好相反,奥林匹娅丝支持埃阿喀得斯继位。奥林匹娅丝和埃阿喀得斯私交甚好。多年后,埃阿喀得斯依旧是奥林匹娅丝最忠实的朋友。

正如前章所述,奥林匹娅丝困在皮纳德时曾向埃阿喀得斯求助。埃阿喀得斯得知情况后立即集结大军开往边境。当他发现敌军已经驻守在塞莫皮莱峡道时,埃阿喀得斯没有轻言放弃,他不断努力试图冲破对方的防线。可很快埃阿喀得斯发现军中将士对此颇有怨言。埃阿喀得斯把将士们召集起来告诉他们如果不愿追随他可以先行返回伊庇鲁斯。埃阿喀得斯不希望留在自己身边的人三心二意。随后,大批将士离去。但众将士不满足于只是返回伊庇鲁斯。于是,他们在伊庇鲁斯发动政变,让涅俄普托勒穆斯一世的后人登上王位。很快,伊庇鲁斯就颁布了一条公告,公告宣布埃阿喀得斯带兵离开伊庇鲁斯,丧失了国王的任职资格。因此,埃阿喀得斯以后不得进入伊庇鲁斯。这次政变不仅只针对埃阿喀得斯个人,还针对他所属的整个王室分支。为了斩草除根,新国王下令处死埃阿喀得斯的亲朋好友,尤其是他年幼的儿子。埃阿喀得斯的族人惨遭杀害,只有皮洛士在侍从的帮助下安全逃走。

埃阿喀得斯的族人中有两位将领,他们分别是安德鲁克里斯和安杰勒斯,正是他们策划了皮洛士的逃亡行动。他们一听到国王下的屠杀令,就立即带着皮洛士和几个仆从逃亡。当时,皮洛士还没有断奶。尽管两位军官已经想办法少带人,但整个队伍的逃亡速度还是不快。可身后还有追兵,情势十分危急。看到追兵马上就要赶上来了,安德鲁克里斯赶紧把皮洛士托付给三位年轻人,吩咐他们骑上马,以最快的速度赶往马其顿一个叫迈加拉的小镇,并告诉他们到了那里就安全了。然后,安德鲁克里斯率领其余人马调转方向迎战追兵。安德鲁克里斯一边请求追兵放过这个可怜的孩子,一边奋力抵抗。最终,他们成功拦下追兵。接着,安德鲁克里斯和安杰勒斯骑马抄近道,最终赶上了先行的三个年轻人。大家顿时安心了。日落之时,他们远远地看到了迈加拉小镇。可小镇前有一条河流,河水湍急,看不清深浅。一行人走到河边,试图趟过去。但他们发现根本过不去。这时,天渐渐暗下来。他们看到河对岸有人影晃动,于是他们赶紧大声喊叫,想得到对岸人的帮助。其实,两岸相距不远,这条河并不宽。但,雨后的河水暴涨,水流湍急,河水奔腾而下,浪花翻腾,对岸的人根本听不到他们的呼喊。安德鲁克里斯不停地呼唤喊叫、摆手示意,他们甚至把孩子举起来想让对方发现,都没能引起对岸人的注意。

　　他们尝试了各种办法都没成功。最后，有人提议，把求助的信息写到树皮上，再把树皮扔到对岸去，这样一来，对岸的人就能明白他们的意思了。于是，人们立即开始行动。他们割下岸边的橡树树皮，然后用扣舌在树皮上写明他们现在正带着伊庇鲁斯的小王子皮洛士逃命，请对岸的人想办法帮他们过河。接着，他们把树皮扔到了对岸。也有人说，他们是把树皮卷到一杆标枪上，请队伍里最壮的人把标枪扔到了对岸。还有人说，他们用树皮包住石头，然后将石头扔到了对岸。无论如何，他们成功地把诉求传到了河对岸。对岸的人拿到树皮，读了上面的消息后非常激动，立即想办法帮他们过河。

　　对岸的人找来斧头砍树造木筏。很快，木筏造好了。尽管天色已晚，河水依旧湍急，但皮洛士以及随从都安全地渡了河。

　　渡河之后，皮洛士一行人并没有打算停留在迈加拉。他们觉得马其顿境内不安全，他们不知道波利伯孔和卡山德对抗的结果如何，也不知道胜利的那方会如何对待年幼的皮洛士。因此，他们决定继续逃亡，离开马其顿，到别的国家避难。

　　一行人最后来到马其顿北部的伊利里亚。伊比利亚位于西海岸，国王是格劳西亚斯。安德鲁克里斯一行人相信格劳西亚斯一定会保护皮洛士，因为格劳西亚斯与伊庇鲁斯王室缔结过婚约，他的妻子班勒厄是埃阿喀得斯这一支的公主。一行人抵达伊利里亚，进入宫殿发现格劳西亚斯和班勒厄都在上座。安德鲁克里斯一行人向两人讲述了他们惊险的逃亡经历，然后把孩子放在格劳西亚斯的脚下祈求他的垂怜。

面对此番场景，格劳西亚斯非常尴尬，一时之间不知如何是好，只是一味沉默。就在这时，躺在格劳西亚斯脚边的皮洛士开始慢慢朝格劳西亚斯的方向爬去，他抓到了格劳西亚斯的袍子，开始顺着袍子向上爬，试图爬到格劳西亚斯怀里。与此同时，皮洛士一直盯着格劳西亚斯，他显得既有兴奋又惶惶不安，皮洛士的表情深深打动了格劳西亚斯。格劳西亚斯立即放下所有顾虑弯腰抱起皮洛士，他把孩子递给王后班勒厄，吩咐她把孩子抚养成人。

卡山德很快就发现皮洛士逃到了伊利里亚。于是，他想尽办法让格劳西亚斯交出皮洛士。卡山德向格劳西亚斯承诺，只要交出皮洛士，他愿意重金酬谢。但格劳西亚斯并没有理会卡山德。卡山德本可以向伊利里亚直接开战迫使格劳西亚斯交人，但他忙着对付他在马其顿

安德鲁克里向格劳西亚斯和班勒尼讲述惊险的逃亡经历,并祈求他们的垂怜皮洛士

和希腊的敌人,根本无暇顾及此处。后来,卡山德试图派兵到伊利里亚抢人,但计划失败了。此后,皮洛士就一直待在伊利里亚。

时光飞逝。一转眼,皮洛士十二岁了。皮洛士待在伊利里亚这些年,卡山德的事业发生了巨大变化。起初,卡山德的计划很顺利,他成功地把波利伯孔驱逐出马其顿,然后自立为王。正如前文所说,为了排除异己,稳固统治地位,他暗杀了罗克珊娜和亚历山大四世。在很长的一段时间里,卡山德万事皆顺。后来,局势开始发生变化。卡山德在亚洲遭遇了强敌德米特里厄斯。德米

德米特里厄斯

第三章 皮洛士的早年生活

特里厄斯是一位杰出的军事将领。卡山德遭遇劲敌时，正好伊庇鲁斯国王阿尔塞塔斯二世驾崩。格劳西亚斯认为这是协助皮洛士夺回王位的最佳机会，于是带着皮洛士率军攻入伊庇鲁斯。此次出征十分顺利，最终，皮洛士登上王位。但当时的皮洛士还年幼，无法治国理政。因此，只好请人摄政，直到皮洛士长大成人。

他人摄政导致国王权力不稳，而这种状况一共持续了五年。在此期间，皮洛士的权力表面上看起来很稳固，但实际并非如此。伊庇鲁斯王室另一分支的人心怀不满、蠢蠢欲动，一直在寻找机会筹划夺权。最终，机会来临。皮洛士寄居伊利里亚时曾与格劳西亚斯的一个儿子交好。此时，王子娶妻便邀请皮洛士参加婚礼。皮洛士自认为政权已稳固，就欣然前往。当皮洛士沉醉在婚礼的热闹和喜悦中时，伊庇鲁斯王室另一分支的人趁机发动叛乱，再次夺取了政权。他们击退并杀害了皮洛士的支持者，把涅俄普托勒穆斯一脉的王子送上王位。皮洛士不得不再次流亡他乡。

伊庇鲁斯的政变进行得很彻底。皮洛士意识到，就自己目前的处境来看，复位已无望。他壮志未酬，不想一辈子毫无成就。思来想去，他决定加入德米特里厄斯的队伍对战卡山德。皮洛士的决定不是一时兴起，而是经过深思熟虑的。首先，卡山德是皮洛士最大的敌人。皮洛士深知，要夺回王位，就必须彻底摧毁或夺取卡山德的权力。其次，德米特里厄斯算是皮洛士的朋友。因为德米特里厄斯的妻子是皮洛士的姐姐黛达弥亚一世，所以皮洛士把德米特里厄斯视为自己的天然盟友。皮洛士说出自己的想法后，德米特里厄斯欣然答应。尽管皮洛士当时只有十七八岁，但德米特里厄斯还是对他委以重任，并不遗余力地教他带兵作战的本领。很快，战事爆发。德米特里厄斯在小亚细亚的伊普苏斯对战卡山德。在这场战役中，皮洛士充分展现了杰出的军事才能。在伊普苏斯战役中，除了德米特里厄斯和卡山德之外，参加战役的还有双方盟国的国王及最高军事将领，这使得

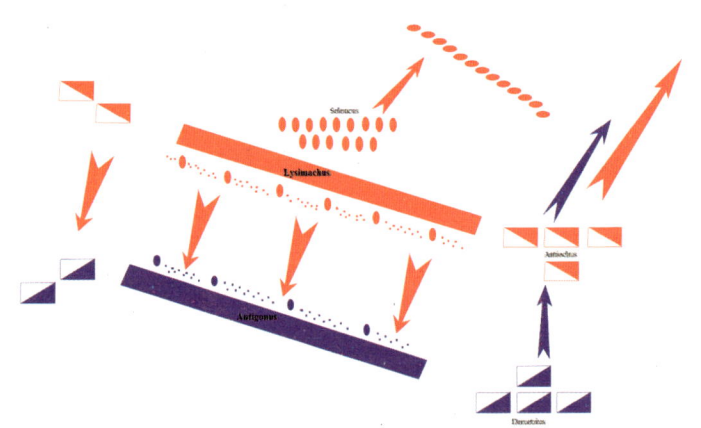

伊普苏斯战役示意图

第三章 皮洛士的早年生活

战役在当时颇受关注。总体来说，德米特里厄斯在战役中失利了。除了皮洛士带领的队伍外，其他人纷纷败退。皮洛士凭勇敢无畏取得了战争的局部胜利，从此名声大噪。尽管皮洛士还很年轻，德米特里厄斯还是很快把一支部队交给他，还让他参与了几次非常重要的军事行动。每次投入战斗，皮洛士都毫不胆怯。他谋略得当，战术精湛，懂得步步为营。这一切都预示着皮洛士必将有一番作为。

最终，德米特里厄斯与埃及法老托勒密结盟。为了确保德米特里厄斯遵守盟约，法老托勒密要求德米特里厄斯交一名人质。皮洛士在这种情况下主动请缨，到埃及作人质。皮洛士乘坐托勒密的船，横渡地中海，抵达亚历山大港。

在埃及，皮洛士一直是人们关注的焦点，大家很尊重他。皮洛士模样俊俏，玉树临风。他温和谦逊，待人接物彬彬有礼。皮洛士出生在王室，早年颠沛流离，历经坎坷。但后来立下赫赫战功，因此托勒密王朝上下都很敬重他。现在，皮洛士又到埃及当人质，这让人们更加同情他。在某种程度上，人质是敌人。无论他们的命运多么坎坷，多么值得同情，这个事实无法改变。当然，也不能否认，在某种程度上，人质也可以是朋友，因为人质就是为了最大程度地保证盟约有效。

在托勒密王朝，皮洛士的表现特别好。他生活简朴，德行高尚，一言一行皆可圈可点。这让埃及百姓更加喜欢皮洛士了。一两年之后，皮洛士娶了托勒密王朝的公主安提戈涅。从此，皮洛士从人质变成贵客。很快，托勒密王朝发兵伊庇鲁斯，协助皮洛士夺回王位。皮洛士回到伊庇鲁斯后，发现夺位条件已经成熟。伊庇鲁斯的百姓不堪忍受现任国王的统治，纷纷欢迎皮洛士回国。很快，皮洛士就发动政变，重新登上了伊庇鲁斯王国的王位。

第四章

马其顿之战

精彩看点

皮洛士登上王位——庆典——欢宴——吉伦的礼物——吉伦和密尔提洛斯密谋——侍从假装执行计划——偷听到的谈话——卡山德的继承人之争——皮洛士第一次独自带兵作战——有关皮洛士的逸事——皮洛士所向披靡——皮洛士识破计谋——伪造者的意图——战争结束——皮洛士返回伊庇鲁斯——德米特里厄斯与亚历山大五世在边境会面——密谋与对抗——德米特里厄斯获胜——德米特里厄斯与皮洛士的关系——皮洛士和德米特里厄斯的战争爆发——底比斯——德米特里厄斯的鲁莽和残暴——皮洛士和德米特里厄斯的战争——潘帕塔斯——单打独斗——皮洛士受伤——潘帕塔斯死里逃生——百姓厌恶德米特里厄斯——德米特里厄斯的名袍——未完成之作——皮洛士的妻子——皮洛士娶拉纳莎的动机——拉纳莎的不满——拉纳莎离开了——战事持续多年

皮洛士从埃及回到伊庇鲁斯重新登上了王位。被皮洛士取代的国王是涅俄普托勒穆斯二世，他是涅俄普托勒穆斯一世的第二个儿子。

虽然皮洛士击败对手重新登上王位，但他非常仁慈。皮洛士没有杀涅俄普托勒穆斯二世，也没有把他流放海外，而是真诚地邀请涅俄普托勒穆斯二世和自己共同治理伊庇鲁斯。涅俄普托勒穆斯接受了皮洛士的邀请。不久之后，伊庇鲁斯发生了一件事导致皮洛士与涅俄普托勒穆斯的矛盾爆发，最终涅俄普托勒穆斯被杀。据当时的历史学家记载，事情的经过如下：

伊庇鲁斯有个风俗：百姓会在某一天聚在一起欢度佳节。一来百官可以向国王宣誓效忠；二来百姓可以借此表达对国王的爱戴之情。当然，节日当天还有很多游戏、表演以及各种宗教仪式和庆祝仪式。其中最有意思的环节就是向国王敬献礼物。这一年，皮洛士和涅俄普托勒穆斯二世分别在随从和朋友的陪伴下前往举行盛典的城市。

很多人都向皮洛士献了礼，其中涅俄普托勒穆斯二世的密友吉伦向皮洛士献了两头公牛。一般来说，国王会把百姓敬献的礼物转赠给仆人或是家族的其他成员。于是，一位名叫密尔提洛斯的侍从请求皮洛士将这两头公牛赏给自己。但皮洛士没有答应他的请求，随后把牛赏给了另一个人。这让密尔提洛斯很不愉快，他就小声抱怨了几句。吉伦听说这事后，就邀请密尔提洛斯与他共进晚餐。饭桌上，吉伦激发密尔提洛斯对皮洛士的不满，然后建议密尔提洛斯拥护国王涅俄普托勒穆斯二世。吉伦为密尔提洛斯出谋划策，唆使他下药毒害皮洛士。他对密尔提洛斯说："你可是皮洛士的贴身侍从。对你来说，往皮洛士的酒杯里投毒应该是轻而易举的事。一旦事成，我一定会向涅俄普托勒穆斯二世举荐你，到时候你一定会得到重赏。"密尔提洛斯表面答应吉伦的提议并承诺一定会完成任务。然而在晚饭结束后，密尔提洛斯离开吉伦家，直接去皮洛士的住所，把事情一股脑禀告皮洛士。

皮洛士听完密尔提洛斯的话，并没有立即采取措施。

因为皮洛士知道,如果质问吉伦,他一定不会承认。而人们又很难相信密尔提洛斯的一面之词。因此,皮洛士觉得最明智的办法就是在行动之前进一步掌握吉伦谋划此事的证据。于是,他让密尔提洛斯假装配合吉伦的计划,并让他向吉伦建议还需要另一个叫亚历克斯克莱特斯的人协助完成计划。就这样,亚历克斯克莱特斯也加入了吉伦的计划。正如皮洛士的计划,两名证人足以指认吉伦。

皮洛士的反击计划非常完美,但他没料到扳倒吉伦压根不用走这一步。因为吉伦向涅俄普托勒穆斯二世报告了密尔提洛斯同意毒害皮洛士的事之后,涅俄普托勒穆斯二世过于兴奋就把这个秘密告诉了家人,其中一位就是他的姐姐卡德米亚。他把事情告诉姐姐的时候,以为不会有其他人知道。但他在饭桌上同卡德米亚讲这件事情时,一位女仆躺在房间角落里的躺椅上,当时她面朝着墙,假装在睡觉。但实际上,女仆并没有睡着,她听到了全部对话。她躺在那里一动不动,一言不发。但第二天她找到皮洛士的妻子安提戈涅,把听到的内容讲给安提戈涅听。这时,皮洛士确信涅俄普托勒穆斯二世真的在密谋夺权,就立即决定强势反击。皮洛士邀请涅俄普托勒穆斯二世赴宴,涅俄普托勒穆斯毫不怀疑应邀前往。在宴会上,皮洛士杀了涅俄普托勒穆斯二世。从此,皮洛士一人统治伊庇鲁斯。

此时,皮洛士大概二十三岁,正当年。他意气奋发、雄心勃勃,渴望一展宏图。他急切地想扩大王国版图,机会很快来临。皮洛士回到伊庇鲁斯重登王位时,卡山德驾崩。卡山德的两个儿子:一个是亚历山大五世、一个是安提帕特二世。在卡山德驾崩后,兄弟俩都想继承王位,因此争执不下。但安提帕特二世的优势更明显。亚历山大五世发现自己处于劣势,意识到自己需要借助外力。于是,亚历山大五世送信给皮洛士以及塞萨里亚的德米特里厄斯,请求他们火速支援。皮洛士和德米特里厄斯都答应施以援手。但当时德米特里厄斯有其他事情,无法立即赶到。皮洛士则立即率兵开往边境。

对皮洛士来说,此次出征意义非凡。因为这是他迄今为止第一次独立带兵作战。此前的军事行动中,他只是以将领的身份参战,需要听命于上级军官。现在,他是全军的最高指挥官。他率领自己的军队作战,完全可以按自己的策略领兵。在此次军事行动中,皮洛士的军事才能大放异彩,他很快就赢得了全军将士的敬仰和爱戴。皮洛士长相俊美又慷慨大方,体恤下士、谋略得当、善于用兵,再加上他本身自带的贵族气质,最终赢得了

皮洛士身着戎装的雕像

众人的喜欢和尊敬。

军中流传着许多皮洛士的逸闻趣事，无一不表明他有强大的内心。同时他还非常自信。比如，一次，人们向皮洛士抱怨有人因为对皮洛士不满总是到处说皮洛士的坏话。人们建议皮洛士将这个人流放。但皮洛士却说："别了，就让他待在这里吧。在这里跟他说话的人少点儿。要是将他流放，那岂不是让很多人都知道我的不是了！"还有一次，有些人在宴会上喝得飘飘然，就开始谴责皮洛士之前的某些作为。后来这些人被带到皮洛士面前，皮洛士问他们是否真的说了那番话，那些人回答道："是真的。而且毫无疑问，如果我们喝得再多一点儿，我们说的话可能更过分。"听到他们的回答，皮洛士不由地哈哈大笑，他没有惩罚这些人，而是放他们走了。这样的事情还有很多，这些事情都能说明皮洛士的宽厚待人，这也让他手下的将士更加愿意追随他。

有了将士的支持和爱戴，皮洛士更加势不可挡。每次战斗开始之前，皮洛士都会发表演说来鼓舞士气。他的部队始终攻无不克、所向披靡。每到一个地方，他都会把安提帕特二世的人赶走，然后把攻下来的城池纳入亚历山大五世的势力范围。他还派兵驻守新攻下的城池以稳固统治。局势很快开始明朗。安提帕特二世被逐出

第四章 马其顿之战

马其顿，亚历山大五世即将登位。

面对这种局势，安提帕特二世的盟友觉得皮洛士的兵力太强，于是他们决定设计计谋。他们知道皮洛士特别敬重岳父埃及法老托勒密一世，于是他们以托勒密的名义给皮洛士写了一封信，令皮洛士与安提帕特二世和平相处。信上还说，安提帕特二世愿意送给皮洛士三百塔兰特作为回报。此外，信中还一再强调，让皮洛士立即同意安提帕特二世的提议，尽早从马其顿撤军。

托勒密一世执政时期发行的金币，上面的人物头像为托勒密一世

其实，在古代使用这种方法成功的概率比现在高得多，因为古代的信件都出自那些经过专业训练的抄书吏，人们很难从字迹上辨别信件的真伪。但皮洛士一打开信就看出问题了。因为信件的称呼语是"法老托勒密问国王皮洛士安"，而事实上，托勒密法老给女婿写信时的称呼语是"父亲问儿子安"。

皮洛士斥责了欺骗他的人。但他还是考虑了这个建议。他决定和安提帕特二世和解，采取温和手段结束这场战争。但皮洛士的愿望最终落空了。这场战争一直持续到亚历山大五世登上王位。随后，皮洛士返回伊庇鲁斯。为了答谢皮洛士，亚历山大五世把伊庇鲁斯北部，也就是马其顿境内亚得里亚海沿岸的大部分地区划给皮洛士。战事终于告一段落。

也许读者还记得，之前，亚历山大五世向皮洛士求援时，亚历山大五世还派人去找了德米特里厄斯。德米特里厄斯的妻子是皮洛士的姐姐。多年来，德米特里厄斯一直与皮洛士交好。收到亚历山大五世的求援消息时，德米特里厄斯正忙于政事，没有及时出兵。后来，政事处理完毕，德米特里厄斯就率兵前往马其顿，但已经晚了。亚历山大五世得知德米特里厄斯率兵前来非常苦恼。为了答谢皮洛士，他已经把马其顿的一大块土地划给伊庇鲁斯。现在，亚历山大五世很担心，如果德米特里厄斯来了却没有分到土地的话，那德米特里厄斯会非常不满。

为了避免尴尬，亚历山大五世提前赶往边境与德米特里厄斯碰面。见面之后，亚历山大五世表示，他非常感激德米特里厄斯率军前来援救，不过此时马其顿战事已经结束，现在不必麻烦德米特里厄斯了。德米特里厄斯听说马其顿的状况就放心了，于是准备择日返回。正如后来德米特里厄斯所说，亚历山大五世压根没打算放他回去，而是打算在接下来的晚宴中杀掉自己。德米特里厄斯能逃过一劫是因为在亚历山大五世下手之前，德米特里厄斯正好有事离开了。后来，德米特里厄斯也邀请亚历山大五世去参加晚宴。亚历山大五世轻装前往，没有佩戴任何武器，其目的是让德米特里厄斯卸下防备。因为亚历山大五世准备第二天杀德米特里厄斯，他希望通过这种方式让德米特里厄斯第二天也轻装前往自己举办的宴会。德米特里厄斯并没有给亚历山大五世机会，他在宴会上直接杀了亚历山大五世以及随行人员。德米特里厄斯的士兵杀这些人时，亚历山大五世的一个士兵说："你们只是比我们早了一天而已，不然死的就是你们。"

陪亚历山大五世到边境的马其顿将士听到国王被杀，还以为德米特里厄斯会立即命人杀掉自己灭口。但德米特里厄斯告诉他们自己并不想伤害大家，希望大家给他一次机会说明此次事件的缘由。于是，德米特里厄斯在将士们面前发表了演说，解释自己是在何种情况下杀的亚历山大五世。他说自己是出于自卫。德米特里厄斯的演说赢得了阵阵掌声，马其顿将士纷纷称颂国王德米特里厄斯。

当然，德米特里厄斯说亚历山大五世想杀害自己，而这件事有几分可信已经不得而知。姑且不说有没有证据，就算有，多半也是德米特里厄斯自己捏造的。其实，在任何年代，无论谁发动战争，都会辩解战争是无奈之举，目的只是不想遭人迫害。

德米特里厄斯统治了马其顿，与皮洛士成了邻邦。多年来，两人私交甚好。因此，人们觉得往后这两个国家一定会和平共处。但现实正好相反，边境不断发生事端，百姓纷纷抱怨邻国居民侵入本国。德米特里厄斯和皮洛士一次次处理纠纷。不幸的是，黛达弥亚去世了，联结两国关系的重要纽带不复存在了，这让两国关系雪上加霜。很快，皮洛士和德米特里厄斯就开战了。

其实，皮洛士和德米特里厄斯之间爆发战争不完全因为两国边境的冲突。德米特里厄斯本身是一个残暴且贪得无厌的人。为了满足自己的欲望，他可以不择手段。

第四章 马其顿之战

德米特里厄斯和皮洛士开战前,曾南下希腊,成功将希腊的一大部分地区纳入自己的版图。但攻打希腊的过程并非一帆风顺。德米特里厄斯围攻希腊的重要城市底比斯时,底比斯的百姓顽强抵抗,毫不妥协。因为底比斯的百姓曾多次冒犯德米特里厄斯,德米特里厄斯积怨颇深,所以他一直苦苦坚持战斗。后来,德米特里厄斯需要处理塞萨里亚的军事问题,就让儿子攻打底比斯。等到德米特里厄斯回到底比斯时,他发现将士们一批接着一批倒下。死去的将士太多,而底比斯还没有缴械投降。就连德米特里厄斯的儿子都抗议道:"你怎么忍心让这么多将士去送死呢?他们才……"他还没说完,德米特里厄斯就打断了他的话说:"你别管死了多少将士。死的越多,你需要养活的士兵就越少!"

德米特里厄斯不仅对将士们的死毫不在意,就连他自己也经常涉险。在攻打底比斯时,他和将士们一同冲锋陷阵。一次,敌人从城墙上方投下一支标枪直接穿透了德米特里厄斯的脖子,德米特里厄斯立即倒在血泊里。人们以为他死了就把他的尸体抬回营帐。军医检查发现标枪并没有伤到动脉等重要部位。不过,德米特里厄斯很快发了高烧,生命垂危。即便如此,德米特里厄斯也没有放弃。最终,德米特里厄斯身体康复,攻下了底比

底比斯城遗址,绘于19世纪初

第四章 马其顿之战

斯城。

在希腊的军事行动结束后,德米特里厄斯返回马其顿正式与皮洛士开战。双方都集结了大批兵力。

皮洛士率军从伊庇鲁斯出发,德米特里厄斯带兵从马其顿出发迎战。但由于两人选择的路线不同,双方军队在边境错开了。德米特里厄斯带兵进入伊庇鲁斯,发现皮洛士将国内的兵力全部带走了,伊庇鲁斯竟没有任何的军事防御。于是,德米特里厄斯进入伊庇鲁斯境内,沿途烧杀抢掠。

皮洛士遇到的情况则完全不同。德米特里厄斯并没有把国内的兵力全部带走,而是留下一支防御部队,由将领潘帕塔斯带领。皮洛士刚进入马其顿边境就碰到潘帕塔斯,战争全面打响。战斗激烈,双方损失惨重。后来,潘帕塔斯要求与皮洛士单挑。潘帕塔斯是德米特里厄斯手下的得力干将,无论是气力还是用兵作战的能力都是军中佼佼者。潘帕塔斯野心勃勃,希望抓住眼前的机会大显身手。毕竟,如果打败伟大的军事将领皮洛士就一定会威名远播。

皮洛士接受了潘帕塔斯的挑战。双方进行了准备,然后两人走到战场上,较量正式开始。一开始俩人相距较远,他们开始往对方身上投射标枪。接着,他们持剑近身搏斗,较量持续了很长一段时间。皮洛士虽身负重伤,但他还是成功地把潘帕塔斯打倒在地。要不是潘帕塔斯的朋友们突然冲上去把他救走,皮洛士完全可以杀了潘帕塔斯。然后两军继续对战,最终皮洛士打败了潘帕塔斯的队伍,俘获五千名士兵,赢得战争的胜利。

虽然马其顿战败,但马其顿的将士却一点都不憎恨皮洛士,他们甚至还有点儿崇拜皮洛士。在他们看来,战场上的皮洛士举手投足都透着高贵的气质,他们甚至在皮洛士的身上看到了亚历山大大帝的影子。他们把皮洛士与德米特里厄斯作比较,觉得德米特里厄斯不如皮洛士。马其顿的将士们心属皮洛士,他们甚至设想,如果皮洛士长驱直下,攻陷都城,那么他们愿意立即投诚。但皮洛士没有这样做,当德米特里厄斯返回马其顿时,皮洛士已经撤回伊庇鲁斯。马其顿的百姓看到德米特里厄斯胜利归来,一点儿兴奋劲都没有。

从此,马其顿的百姓越来越不待见德米特里厄斯。在百姓眼中,德米特里厄斯是一位自负残忍的暴君。他不但不择手段侵占邻国疆土,而且对朋友也蛮横跋扈。而皮洛士则懂得体恤下士,他对将士谦恭有礼。皮洛士生活简朴,他不但愿意同将士共患难,更愿意和将士们共享荣耀,他把取得的成就归功于将士们的忠诚和勇敢。

第四章 马其顿之战

马其顿战役之后,人们形容皮洛士为苍鹰,皮洛士对将士们说:"如果我是苍鹰,那你们就是帮我飞向高处的翅膀。"

德米特里厄斯与皮洛士完全不同,他视军中将士为蝼蚁。他觉得自己高高在上、无人能及,他还不时在人们面前表现出优越感。在衣着方面,德米特里厄斯既自负又虚荣,他不惜花重金装饰自己,甚至用黄金和名贵的宝石来装饰衣袍和鞋子。他还命人用世界上最好材质的衣料为自己制作一件独一无二的衣袍。然而衣袍还没有制好,德米特里厄斯就驾崩了。德米特里厄斯的继承者并没有将衣袍完成,而是将它收起来时刻警醒自己要以此为戒。

德米特里厄斯还有很多陋习,他无节制地放任自己的欲望。从某种程度来说,正是放纵让他自己迷失也令别人厌恶。也正是这种放纵,让他最终失去民心。

后来,一个女人激化了皮洛士和德米特里厄斯的矛盾。事情是这样的:皮洛士的第一任妻子安提戈涅去世后,皮洛士又娶了几任妻子,这在当时实属正常。在皮洛士的几位妻子中,有一位叫拉纳莎,她是叙拉古国王阿加索克利斯的女儿。皮洛士娶安提戈涅是出于两人的爱情。但他后来娶妻纯粹是出于政治目的,要么是为了扩大王国版图，要么是为了巩固自己的权力。皮洛士迎娶拉纳莎是想得到克基拉岛。当时小岛归叙拉古国王所有，叙拉古国王准备把这个小岛给女儿当嫁妆。从地图上可以看到，克基拉岛离伊庇鲁斯非常近。也就是说，拥有这个岛可以极大地增强伊庇鲁斯的国力。

拉纳莎成了皮洛士的新娘却一点儿都不开心。她知道皮洛士中意的只是自己嫁妆，并且皮洛士还有好几位妻子。回想新婚的誓言，再看看眼前的处境，拉纳莎郁闷极了。她觉得自己被忽视了，她感受不到皮洛士的爱意。于是，她愤然离开皮洛士，回到叙拉古。之后，拉纳莎派人将德米特里厄斯请到叙拉古，她告诉德米特里厄斯："只要你娶了我，克基拉岛就是你的。"拉纳莎离开皮洛士后收回了自己的嫁妆，她自认为有权决定自己的归宿和嫁妆的分配。

德米特里厄斯接受了拉纳莎的建议。他前往叙拉古，娶了拉纳莎，并派部队驻守克基拉岛。随后，德米特里厄斯带着拉纳莎回到马其顿。自此，皮洛士对德米特里厄斯的恨意更深厚了。

很快，皮洛士就等到报复德米特里厄斯的机会了。当时，德米特里厄斯因过度饮酒而高烧不退，最后病倒了。皮洛士趁机再次攻打马其顿。皮洛士率领大批人马

叙拉古国王阿加索克利斯

直奔马其顿。与此同时，德米特里厄斯也带病上马，率军出城迎敌。此次对战胜负不明显。皮洛士多次进攻无果，最后带兵返回伊庇鲁斯。

皮洛士与德米特里厄斯之间战争不断，持续多年。战局时而对这方有利，时而对另一方有利。在后来的一次对战中，局势开始朝着对皮洛士不利的方向发展。因为，当时正好有一件事分散了皮洛士的注意，皮洛士很快就转战到另一个地方。我们会在下一章详述这件事以及后续事件。

第五章

意大利之战

精彩看点

转战意大利——罗马人的统治区域——塔伦图姆政权——塔伦图姆内部形成多个派别——喧闹的议会——麦东的诡计——麦东的计划成功实施——人们邀请皮洛士前往塔伦图姆——大量的随行人员——齐纳斯——齐纳斯向皮洛士提问——皮洛士向齐纳斯讲述了自己的目标——齐纳斯的观点——皮洛士起航——他的舰队和军队——皮洛士从海难中死里逃生——皮洛士接管塔伦图姆城——皮洛士的精力——皮洛士采取的重大举措——塔伦图姆的百姓原是希腊人后裔——兵力久久无法到位——利维努斯——皮洛士看到罗马人的营地——罗马人渡过河流攻打皮洛士——奇观——皮洛士非常惹人注目——皮洛士和莱昂纳特斯的对话——皮洛士身处险境——大象——胜利的纪念品——皮洛士现身——罗马人战败

如前文所说，对战德米特里厄斯时，有一件事分散了皮洛士的注意——塔伦图姆的百姓向皮洛士求援，请皮洛士协助他们攻打罗马。正是在这场战争中，皮洛士赢得举世盛名。其实，人们没有忘记，亚历山大一世也是出于同样的原因发兵意大利的，但亚历山大一世最后惨死沙场。人们猜想皮洛士一定会吸取教训，不会插手塔伦图姆的事。然而，古往今来，真正的勇士都满怀斗志。皮洛士迫不及待想在意大利战场上大显身手，他没有忘记先辈的惨死，也不想让伊庇鲁斯一直背负失败的耻辱。因此，皮洛士下定决心要一雪前耻。

多年来，罗马的疆域不断扩大。除了塔伦图姆及其他一些小附属国，罗马几乎占据了整个意大利。但罗马人并不满足于此，他们继续向意大利东南部开进。最后，罗马人来到塔伦图姆。但塔伦图姆的军队进行了顽强抵抗。最终，双方爆发了激烈的军事冲突。随着战事的进行，塔伦图姆人节节败退，形势岌岌可危。

外敌当前，塔伦图姆的内政却十分混乱，这让塔伦图姆的处境雪上加霜。原来，塔伦图姆并没有稳定的政权组织，它的政权组织形式类似于现在的民主制，人们通过讨论形成决议。同时，塔伦图姆又缺乏相应的法律来保证决议的贯彻实施。如今大敌当前，议员们方寸大乱，国家自然乱成一团。

塔伦图姆国内又多个派别，每个派别各有主张。有的派别主张向罗马投降，使塔伦图姆成为罗马的一部分；有的派别认为塔伦图姆人应该殊死抵抗；还有一些派别提出塔伦图姆面临窘境的原因是没有杰出的军事首领，因此他们建议请皮洛士率兵支援。但许多人反对这一提议。人们很清楚，大敌当前，外援是朋友。但战争结束后，援军就有可能在塔伦图姆城称王。虽然明白后果，但塔伦图姆当时深陷水深火热之中，人们根本无暇考虑那些不确定因素。最终，塔伦图姆的百姓决定向皮洛士求援。

正如大部分民主国家一样，很多人在议会现场同时发表见解，导致现场十分吵闹，根本听不清人们对提议的表决意见。一个叫麦东的人反对请皮洛士来塔伦图姆。

第五章 意大利之战

为了表示抗议,他想了一个办法。他伪装成江湖艺人,头戴花环,手持火炬,让一个女人为他吹笛伴奏。随后,麦东假装半醉半醒,闯入议事大厅。这两人一走进议会大厅就吸引了所有人的目光。看到这一幕,有人哈哈大笑,有人拍手,还有人竟点歌让他吟唱。麦东假装准备了一下,接着走到会场中间,大声喊道:"非常好,塔伦图姆的百姓们!你们点的歌非常好。现在你们还能享受这样的欢乐。可是,我想提醒你们,如果皮洛士来到塔伦图姆,你们就再也笑不出来了。"

人们对麦东的转变非常惊讶。接着,会场上开始有人小声附议。那些不支持皮洛士来塔伦图姆的人也很讶异,他们完全没想到麦东竟然能想出这样的妙计。然而,麦东造成的影响只是暂时的。很快,人们又开始辩论。最后人们毫不客气地将麦东和那个女人赶出了会场。

最终,人们一致决定请皮洛士前来支援。塔伦图姆的使者立即赶往伊庇鲁斯。到达伊庇鲁斯后,他们对皮洛士说:"我国正与罗马交战,现特邀您前来助阵。我国人口众多,物资充足,唯独缺少一位能带兵打仗的首领。如果您愿意施以援手,我们愿意把三千五万名将士和两万匹战马交给您指挥。"

塔伦图姆疆域并不辽阔,然而却能在开战时集结这么多人马，不得不叫人称奇。同时，在家国存亡之际，人们商议国家大事时，卖唱的人竟能从中作梗，这事也算得上奇特。但，这确实是当时的历史学家记录下来的信息。

塔伦图姆使者的话让皮洛士非常开心，他立即答应前去支援。然后他迅速开始备战。这个消息也让伊庇鲁斯的百姓非常激动，众多将士纷纷表示愿意参加战斗。对此，皮洛士一一应允。虽说塔伦图姆的使者一再称他们人马足够，但皮洛士还是觉得自己的人更靠谱。

集结好第一支军队后，皮洛士命得力干将齐纳斯先行一步。齐纳斯在伊庇鲁斯的地位颇高。他是塞萨里亚人，曾在希腊求学，师从德摩斯梯尼。齐纳斯不仅是一位杰出的学者和演说家，还是一位优秀的政治家。皮洛士曾将许多的谈判事宜交给齐纳斯，齐纳斯都能妥善处理。皮洛士曾不止一次称赞齐纳斯，他说："他用三寸不烂之舌拿下的城池比我用刀剑攻下来的城池还多。"

一开始，齐纳斯并不赞同皮洛斯出征意大利。这一点是从他与皮洛士的谈话中看出的。当时皮洛士正加紧备战，趁闲，齐纳斯问皮洛士："罗马人素来英勇善战，他们的盟国也都崇尚武力。如果此次我们成功了，接下来该干点什么呢？"皮洛士回答说："你这是自问自答

德摩斯梯尼的雕像

呀！罗马人几乎占领了整个意大利，如果我们打败了罗马人，那么攻下意大利就指日可待。"

听完皮洛士的回答，齐纳斯稍微停顿了一会儿，他似乎在想象皮洛士描绘的蓝图。然后，齐纳斯接着问："征服意大利之后，我们还要做什么呢？"皮洛士回答道："那还用说，当然是攻下西西里岛了。西西里岛离意大利那么近，那里土地肥沃，人口稠密。我们不需要花太大力气就能将小岛拿下。现在西西里岛处于混乱中，应该没有多少防御力量。"齐纳斯回应说："我觉得您这个主意非常好。那么，攻下西西里岛之后呢？我们接下来做什么？"皮洛士接着回答，"接下来，我们就可以穿过地中海，前往利比亚和迦太基。其实那里也不远，我们可以率军从非洲海岸登陆，轻而易举地就能将这两个地方拿下。这样一来，我们就可以称霸天下，没有人可以和我们作对了。"

齐纳斯表示赞同皮洛士的观点，并且接着问："一定是这样的。到时您就可以把塞萨里亚、马其顿和希腊的宿敌一一消灭，称霸天下。我想问的是，当所有的这些愿望实现后，您接下来想做点什么呢？"皮洛士回答说："还能做什么呢？当然是歇下来，好好放松，享受生活。"

第五章 意大利之战

听到这里,齐纳斯再次问:"但这是为什么呢?明明我们现在就可以停下来好好享受生活,为什么还要去冒险呢?您现在就可以享受生活,为什么非要去受罪呢?您费尽千辛万苦,最终想要的不就是现在已拥有的生活嘛。"

我们不清楚,齐纳斯这番话是想劝皮洛士放弃攻打意大利,还是他在趁机调侃皮洛士。不论齐纳斯的真实目的如何,这番对话并没有在皮洛士的心中激起大的波澜,更没能改变皮洛士的计划。各项军事准备工作都有条不紊地进行着。第一支军队整顿完毕后,齐纳斯率军横渡亚得里亚海。之后,皮洛士开始组织剩余兵力。这部分包括二十头大象,三万匹战马,两万名步兵,两千名弓箭手,还有两万名投石手。一切准备妥当后,皮洛士一声令下,将士们就登上塔伦图姆派来的战舰、物资运输船以及各种平底船,军队正式扬帆起航。此时,皮洛士的大儿子托勒密已经十五岁了,皮洛士让他留在伊庇鲁斯摄政,自己则带着两个小儿子——亚历山大和赫勒诺斯一同前往意大利。这次远征注定不会一帆风顺。起航没多久,军队就遇到了一场可怕的风暴。风暴一度威胁着整支军队的安全。皮洛士乘坐的舰船比别的船只更大更坚固一些。午夜过后,皮洛士的船只抵达意大利海岸，而其他船只却在暴风雨的肆虐下四处漂荡。皮洛士的船只离岸边很近，但是风浪太大，船只长时间无法着陆。就在这时，风突然改变方向吹向海上。这个时候，如果不赶紧想办法，船只很可能漂回海上，情况十分危急。关键时刻，皮洛士决定跳海游过去。皮洛士二话不说跳入海中。他的侍从和护卫也紧跟皮洛士跳入海中，他们想尽办法帮助皮洛士靠岸。当时的场景相当恐怖，天色已晚，伸手不见五指。海风咆哮，海浪一浪高过一浪。拍向海岸的浪花在风的作用下快速涌回。这一切都让人们无比恐慌。幸运的是，天亮之后，幸存的人都成功地爬上岸了。

在海水里挣扎并浸泡了一夜后，皮洛士精疲力尽了。但这丝毫没有打击到皮洛士。随后，塔伦图姆派来的士兵赶到岸边支援，剩下的船也开始着陆。此时风小了很多，士兵们靠岸也相对容易了。皮洛士将幸存的士兵集中起来，重整队列。这时，皮洛士发现步兵只剩下两千人。除此之外，只剩下几匹马和两头大象了。皮洛士就率领着这样的队伍赶往塔伦图姆。皮洛士到塔伦图姆城时，齐纳斯已经率领将士赶来迎接。

来到塔伦图姆后，皮洛士表现得像这个国家的统治者一样，他接管了城中所有事宜。皮洛士发现，塔伦图

一幅漫画——皮洛士进入意大利

姆不仅防御力量弱，而且国内毫无秩序。请自己来只是百姓的无奈之举。其实，可以想到，国家处于危难之时，百姓的遭遇自然不好，他们或四处游荡，或赋闲在家，或聚众消遣。他们不再关心国事，一心只想着让皮洛士救他们于水火之中。此时，皮洛士意识到塔伦图姆必须改革。于是，他立即制定了许多改革措施：下令关闭所有娱乐场所，包括公众休息骑马的场所，一律禁止任何宴饮、狂欢等娱乐活动；强制要求壮丁入伍，组建军队，并且每天进行高强度、长时间的训练。尽管百姓纷纷抱怨皮洛士的法令严苛，但因为权力掌握在皮洛士手中，所以百姓不得不服从。也有一些对举措极为不满的百姓选择了离开。当然，离开的多是城中的懒惰之徒。大部分心怀忠诚、意志坚定的人都留下了。城中的改革进行得如火如荼。同时，皮洛士又着手安排城中的防御事项，他加固了城墙和城门，并组建了一整套哨兵和卫兵的防卫执勤轮岗系统。总之，塔伦图姆城很快就变样了。它不再是那个毫无防御力量的小镇，这里已建起全方位的军事防御系统。城里也不再是贪图享乐之人，放眼望去都是训练有素的士兵。

塔伦图姆城位于意大利东南部，这里的百姓大多是从亚得里亚海另一边迁移过来的。因此，城中的百姓算

第五章 意大利之战

是希腊人的后裔。塔伦图姆的语言和风俗习惯都与半岛西部的罗马人不同。罗马人一直宣称自己是世界上唯一的优等民族,而其他民族都是野蛮部落。因此,在请求皮洛士支援时,塔伦图姆的百姓并不觉得自己是在请外人协助,而是在邀请同胞帮忙抵御外敌。因为,塔伦图姆的百姓认为皮洛士和他们同根同源。而亚平宁山脉另一侧才是野蛮部落。因此,希腊各族有义务联合起来共同抗敌。这也是塔伦图姆的百姓与皮洛士在此次战争中达成的身份认同。从这个角度看,皮洛士到塔伦图姆后接管城中事宜就显得可以理解了。

塔伦图姆人曾许诺为皮洛士配备足够的兵力,但那些从邻国借调的兵力久久无法到位。皮洛士的人马还没有凑齐,就有消息传来。消息称,罗马大军在利维努斯的率领下已抵达塔伦图姆。皮洛士立即集结所有兵力前去迎战。行进一段路程后,皮洛士向利维努斯军营派出一名使臣去询问利维努斯双方是否可以和平解决争端,皮洛士愿意充当双方的调解员。对于使臣的询问,利维努斯断然拒绝,并声称:"我不屑于你的调解,更不惧与你对抗。"听到这番回应,皮洛士继续率兵前行。

皮洛士率兵到达一块平地后,下令在此安营扎寨。平地前方有条西里斯河。罗马人也行至此处,他们在河对岸安营扎寨。皮洛士骑马到河边高地眺望罗马人的营帐。

皮洛士看到罗马军队井然有序，卫兵和哨兵换岗执勤井井有条，这一切让皮洛士既惊讶又嫉妒。

他言不由衷地说了一句："野蛮的种族！安营扎寨这么有条理，不知道其他方面怎么样呢！"

说完这句话，皮洛士掉转方向，回到营帐。回去之后，皮洛士对即将开始的战斗忧心忡忡。显然，对方的实力比他预想的强很多。于是，皮洛士决定待在原地等待希腊其他城邦的支援。他一方面不断派人加强防守，另一方面他还调集了一批人马驻守在河边防止罗马人过河偷袭。得知皮洛士在等待援兵后，利维努斯决定尽快渡河。

罗马人并没有安排统一渡河，而是兵分几路，从不同河段出发。步兵从河流水位比较浅的浅滩渡河，骑兵则在其他地方渡河。一时之间，河流上下都是罗马士兵。被皮洛士派到河边的士兵看见敌人数量特别多，便以为自己被包围了，于是纷纷撤回大营。

得知情况后，皮洛士深感情势危急，非常担心。他赶紧命步兵列阵，拿起武器，随他一起朝河边开进。到达岸边，皮洛士看到这样的一幕：罗马步兵和骑兵正在渡河。他们把手中的盾牌高高举起，让盾牌高于水面。从远处看，人们只能看到河面上满是盾牌。罗马士兵过完河,立马陈兵布阵。皮洛士与罗马人正式开战。

交战双方都比较顽强,大家都越战越勇,战斗持续了很长时间。交战过程中,皮洛士非常惹眼,因为他穿着一件华美的战袍。战袍颜色非常艳丽,吸引了所有人的目光。皮洛士一直在战况最惨烈的地方英勇杀敌。只要哪里需要他,他就会冲到哪里去。后来,皮洛士手下的一名叫莱昂纳特斯的将军对他喊道:"您看到那个骑黑马穿白鞋子的骑兵了吗?请您小心。他好像在谋划怎么对付您。您看,他一直紧盯着您,您走到哪里他就跟到哪里。我觉得他一定是在找机会对您下手,您一定要小心。"

皮洛士回答道:"我非常清楚,我们无法与命运抗争。但,在我看来,无论是他还是另外的人,谁要是想对付我,我一定会让他死无葬身之地。"

皮洛士的话还没说完,就看到莱昂纳特斯说的那名骑兵朝自己快速冲过来。这名骑兵手里拿着矛,矛的铁尖对准皮洛士。在快速跳起的同时皮洛士也将手中的矛朝着敌人刺过去。两只矛狠狠地撞在一起,同时巨大的冲力也使两匹马撞到了一起。皮洛士的朋友们赶紧冲了过去,他们发现两匹马都已经死了。一些人把皮洛士从马下拉起来带离战场,剩下的人则把那名躺在地上的罗马骑兵刺死了。

皮洛士脱离危险后，决定加强自身保护。他猜想，那名骑兵死后，罗马人肯定特别生气，一定会想方设法复仇。于是，皮洛士趁混乱，脱下了惹眼的战袍和一位名叫麦格科勒的人互换衣服。换装后，皮洛士率领步兵和大象再次返回战场。这一次，他不再冒险，而是负责指挥步兵，鼓舞士气。

皮洛士换衣的行为确实救了他一命。为什么这么说呢，因为和皮洛士换完衣服，麦格科勒发现敌军总是围着他，许多罗马士兵都对他步步紧逼。最终麦格科勒命丧敌手。麦格科勒倒下后，杀死他的罗马士兵抓起闪闪发光的头盔和华丽的战袍，挥舞着冲向罗马阵营，以此表明他杀死了皮洛士。消息很快传开，罗马人都以为皮洛士死了，阵营中传出阵阵欢呼和喝彩声。皮洛士的将士备受打击、士气低落。此时双方士兵都认为皮洛士战死了。如果任由事态发展下去，后果将不堪设想。为了鼓舞士气，皮洛士揭开头盔，骑着马沿河岸来回走动，向将士证明自己并没有死。

最终，经过一番艰苦卓绝的战斗，希腊人赢得了战争的胜利。在很大程度上，这次胜利要归功于皮洛士率领的大象。此前，罗马人从未见过如此庞大的动物。因此，

全副武装的皮洛士

他们面对大象时就手足无措、四下逃散。此时,罗马的骑兵也无法驾驭他们的战马了,同时战马又撞到了不少罗马士兵,到处乱作一团。最终,皮洛士一方成功地将罗马士兵赶了出去。被赶走的罗马士兵没有返回营地,而是四下逃窜。皮洛士率军跨过河流,占领了罗马人的营地。

第六章

谈判

精彩看点

西里斯河战役产生的影响——罗马人的态度——皮洛士的猜想——猜想错误——皮洛士派齐纳斯出使罗马——齐纳斯计划贿赂罗马元老院成员——齐纳斯在罗马议会上的讲话——元老院成员的争论——突发事件——阿匹乌斯·克劳迪乌斯被抬到元老院——阿匹乌斯·克劳迪乌斯的发言——阿匹乌斯·克劳迪乌斯的话产生的影响——齐纳斯向皮洛士汇报罗马城的情况——法布里休斯来到皮洛士的面前——皮洛士对他的招待——藏在营帐里的大象——皮洛士全力争取法布里休斯——罗马军向皮洛士开进——两名大将——双方沿河两岸安营扎寨——德西乌斯·马乌斯的故事——他的大功劳——异象——艰难的抉择——两位执政官抽签——德西乌斯·马乌斯自愿献身——德西乌斯·马乌斯的超自然力量让希腊将士们非常害怕——德西乌斯·马乌斯对皮洛士的答复——罗马军害怕大象——战斗——大象——战车——胜负难分——冬季——尼亚西斯——皮洛士的医生——他的背叛——交换俘虏——无法达成和平协定

希腊人在西里斯河战役中大获全胜，这对罗马人影响巨大。当然，这种影响不是意味着战事失利打击了罗马人的士气，而是意味着极大地激发了罗马人的斗志。罗马人认为，希腊人能成功是因为皮洛士有杰出的军事指挥才能，并不是因为希腊士兵比罗马士兵生性更勇敢，或者纪律更严明。甚至还有人说，西里斯河战役只能说明利维努斯不如皮洛士，不能说明罗马人不如希腊人。很快，罗马就开始招募新兵，准备集结更多士兵发起更大规模的进攻。

皮洛士听到这个消息非常吃惊。他原以为受到沉重打击的罗马人此刻正在考虑拟定条约求和。他万万没想到，罗马竟然在筹集兵马准备再战。毕竟罗马军队已经从作战场撤退。皮洛士也已经率兵占领了那片区域，甚至向罗马方向推进了一些。后来，皮洛士才明白，罗马人只是为了集结兵力暂时撤退，并没有打算投降。

面对这种情况，一时之间，皮洛士不知道如何是好。他应该一鼓作气，大胆地向罗马开进直到彻底拿下罗马，还是应该攻下意大利西部便见好就收？皮洛士认真地思考了一番，决定终止行动。于是，他再次向罗马派出使臣。而这个人正是齐纳斯。

齐纳斯以使者的身份来到罗马，随行的还有很多仆人。齐纳斯带了许多珍贵的礼物，他准备将礼物敬献给罗马高官来促进和谈顺利进行。一直以来，齐纳斯总能凭借娴熟的雄辩技巧争取最大利益。其实，从此次和谈的准备工作中，人们能窥探齐纳斯在希腊外交事务中获得成功的秘诀。然而，齐纳斯在罗马遭遇了失败。正式和谈之前，齐纳斯把礼物送给了那些他想结交的罗马元老院成员，但所有人都不接受礼物。他们回复道："如果两国和谈顺利，我们不介意收下您的礼物，但现在和谈尚未开始，收礼实在不合适。"但齐纳斯并没有气馁，他又想到一个办法。这也从侧面反映出齐纳斯的外交手段的高明。他把礼物送给元老院成员的妻子们，但她们也坚决不收。最后，礼物又回到了齐纳斯手中。

齐纳斯并没有气馁，他要求到罗马元老院呈明皮洛士的和谈愿望。到了那一天，齐纳斯进入元老院，在元

第六章 谈判

老院成员和罗马百姓代表前发表了一番极具说服力的演说。齐纳斯说,他没想到罗马元老院的建筑如此宏伟;元老院会议就像是国王的会议;参会人员都如此高贵儒雅;会议气氛是如此严肃庄重。齐纳斯的演讲很有感染力。同时,他还用极具说服力的方法传达了皮洛士的和谈愿望。他说,皮洛士愿意与罗马和解,也愿意无条件释放罗马俘虏,从而换回罗马人手中的希腊人。同时,皮洛士愿意和罗马结盟,愿意在罗马人与他国开战的时施以援手。皮洛士唯一的要求就是罗马答应不再侵犯塔伦图姆城以及依附于塔伦图姆的那些小城。只要罗马人答应这一要求,皮洛士就当罗马人是朋友。

齐纳斯演说完毕走出罗马元老院之后,元老院成员就开始讨论齐纳斯的话。人们的意见各不相同。有人坚决反对皮洛士的提议,而有人认为应该接受提议。那些赞成议和的人说:"意大利东部城邦听说我们在西里斯河战役中惨败后,他们都纷纷投到皮洛士麾下。现在皮洛士的实力比之前强大了,而且还不断有新的力量加入他。我们应该趁皮洛士主动求和的机会赶紧答应。如果坚持开战,恐怕我们的损失会更加惨重。"

在人们讨论的时候,一位德高望重的元老来到会议现场,他名叫阿庇乌斯·克劳狄·卡阿苏斯。他一直卧病在床，不曾参加元老会议。人们没想到，今天他竟然被儿子和女婿搀扶着来到现场。阿匹乌斯·克劳迪乌斯双眼已经看不见东西，而且年老体衰，无法行走。在家里，他听说元老院的人正在就向皮洛士开战的问题争论后，立即吩咐仆人把他从床上抬到椅子上，然后在家人的陪同下穿街过巷来到元老院。他想趁此机会和元老院的年轻人好好说道说道，借以挽救罗马的荣誉和尊严。阿匹乌斯·克劳迪乌斯一进入元老院就吸引了所有人的注意。他坐到椅子上，会议现场变得十分安静，所有人都等着他发言。紧接着，阿匹乌斯·克劳迪乌斯说了下面这番话：

诸位议员，大家都知道，我的眼睛看不见东西了。多年来，我觉得这简直是一种灾难。而现在，我不但希望自己的眼睛看不见，而且希望耳朵也听不见。因为，这样一来，我就不用听到那些侮辱罗马的言论了。想当初，亚历山大大帝开始东征攻打波斯时，我们曾放言："如果他攻打的是罗马，我们罗马人是绝对不会投降的。他如果胆敢攻击、侵犯罗马，我们定会打得他落荒而逃"。他又怎么可能获得'战

阿庇乌斯·克劳狄·卡阿苏斯在女婿的搀扶下来到元老院

无不胜,攻无不克'的美名呢。现在,我们的豪情壮志去哪里了?我们曾经的豪言壮语震彻天地、响彻寰宇。而现在呢?一个无名之辈从罗马海岸登陆侵犯罗马。仅仅因为他获得了一次成功,你们就考虑与他和解,让他留在意大利。当初我们面对亚历山大大帝尚能临危不惧,而皮洛士不过只是亚历山大大帝的追随者而已。他在自己的国都没站稳脚,甚至连小小的克基拉岛都无法拿下。与其说他是来征服意大利的,不如说他是来逃难的。面对这样的人,你们竟然战战兢兢,不敢派兵围剿。你们把我们之前的豪言壮语置于何地?我警告你们,不要妄想能从皮洛士的和谈中获利。这种和约既不能弥补我们过去的损失,也无法保障我们的未来。相反,和约只会刺激其他入侵者。看到皮洛士的得逞后,其他国家会认为他们也能不费吹灰之力就能搞定罗马。到时候,罗马岂不是任由他国欺凌。

听阿匹乌斯·克劳迪乌斯说完这番话,众人一致决定向皮洛士开战。齐纳斯也只好把罗马人的决定告诉皮

第六章 谈判

洛士:"罗马人说,只要您待在罗马一天,他们就绝不提和谈。即使您打一千次胜仗,他们也会与您死战到底。如果您撤出意大利回到伊庇鲁斯,那么,他们也许会考虑和您建立友好关系。"

齐纳斯回到皮洛士的营地后,向皮洛士说了上述这番话。然后,他向皮洛士汇报了罗马政府和百姓的情况,比如人口数量、财力状况以及城市资源情况等等。这些都是他在罗马谈判期间获取的情报。作为一名使臣,他向来对这样的信息比较关注。齐纳斯的描述一点点击碎了皮洛士的信心。齐纳斯还说罗马人口比他之前预估的还多很多,罗马人现在集结的士兵人数是之前参战人数的两倍。除了士兵,罗马城中到入伍年龄的人也很多。总之,一切都表明,打赢这场仗并非易事。

齐纳斯回到皮洛士身边后,双方都开始积极备战。正式开战前,罗马人派使者凯斯·法布里休斯到皮洛士的营地商议交换俘虏的事情。齐纳斯告诉皮洛士,法布里休斯为人正直、能力出众,在罗马颇受重视,但法布里休斯并没有多少产业,他完全依靠俸禄过活。于是,皮洛士礼貌地接待了法布里休斯,对他非常照顾,私下里送给法布里休斯一大笔金子。皮洛士告诉法布里休斯:"我只想借此表达对你的敬意,除此之外,并无他意。"但法布里休斯还是拒绝了。皮洛士也没有为难法布里休斯。

第二天,皮洛士想带法布里休斯开开眼。他猜想法布里休斯肯定没见过大象,于是,命人将个头最大的大象藏到里屋。然后,用帘子挡住身披华丽的毯子、佩戴着盔甲的大象。他自己则到外屋去接待法布里休斯。法布里休斯走到屋里坐下,他完全不知道帘子后面是什么。突然,有人揭开帘子,大象一下子出现在法布里休斯眼前。这时,大象抬起鼻子,冲着法布里休斯发出一阵可怕的嘶叫。但法布里休斯并没有被吓到,看起来一点儿也不吃惊,仍然安静地坐在椅子上一动不动。紧接着,法布里休斯转过头平静地对皮洛士说:"您也看到了,不管是看到您昨天给的金子,还是今天的大象,我都心无波澜。"

法布里休斯讲话很直接,但皮洛士一点儿也不生气。相反,皮洛士看到法布里休斯如此正直不屈,就更想任用他。于是,他劝法布里休斯从中斡旋,让罗马人签署和约,然后跟自己回伊庇鲁斯任职。皮洛士说:"只要你愿意跟我走,我愿让你担任最高军事将领。我会把你当最亲密的朋友,让你一生享尽荣华富贵。"法布里休斯回复道:"不,我不能接受你的邀请。就当是为你考

大象出现在法布里休斯眼前

虑，我也不能这么做。因为，如果我跟你回伊庇鲁斯，让你的百姓知道我有多么优秀后，他们就会想让我当国王了。"

我们可以猜想，法布里休斯这番话也许是开玩笑的。因为，如果法布里休斯是郑重其事说出这些话的，不免给人自负、浮夸的感觉。而这些感觉与我们了解的法布里休斯的性格严重不符。不管怎样，皮洛士都很开心。他越了解罗马人，就越想结束战争与罗马人结盟。但在皮洛士从意大利撤军之前，罗马人又不愿意与他缔结盟约。如果撤军，那就等于皮洛士承认自己的行动失败。因此，双方准备再次开战。

两位罗马大将兼执政官的苏尔皮基乌斯·萨卧瑞欧和普布利乌斯·德西乌斯·穆斯率军南下，行至意大利西海岸、塔伦图姆城北部的小城阿普利亚后，决定在亚平宁山的山脚下找一块空地安营扎寨。这块空地靠近阿斯居雅姆城。营地前有一条河流，水深岸阔，利于防守。营地后方就是亚平宁山。听到罗马大军来临的消息，皮洛士立即整顿兵马，率军迎敌。到达罗马军驻地附近之后，皮洛士命军队在河这边驻扎下来。两军营地相隔不远，中间仅有一条河流。接下来，双方都密切关注着，看谁会先跨过河流。双方都按兵不动，等待对方行动。

第六章 谈判

两军对峙许久，彼此都在等待时机。此时，皮洛士军中开始传言罗马执政官德西乌斯·马乌斯会一种超自然魔法。在特定的时候，凡是与德西乌斯·马乌斯作对的人最后都会死于非命。这个消息让皮洛士军中人心惶惶。希腊士兵不怕与罗马军团对抗，但关于德西乌斯·马乌斯的神秘传言却让他们胆战心惊。

其实，拥有超自然力量的人不是罗马执政官德西乌斯·马乌斯，而是他的祖先德西乌斯·马乌斯。他们只不过是名字相同而已。德西乌斯·马乌斯在世时，皮洛士还没有出生。德西乌斯·马乌斯早年军阶较低。在一次战役中，罗马军被困在峡谷里。即将覆亡之际，德西乌斯·马乌斯带领几名士兵与敌军顽强搏斗，占领了山中的一处高地，最终将峡谷中的将士顺利救出。因为这件事，德西乌斯·马乌斯获得无数赞誉。当时的罗马执政官赏他一顶黄金冠、一百头公牛以及一头牛角镀金、体态俊美的大白牛。军中将士为他举行了盛宴。按当时的风俗，人们还将干草编成的桂冠给他戴上。虽然用的材料并不名贵，但佩戴桂冠本身代表着极大的荣誉。

此后，德西乌斯·马乌斯平步青云、一路高升。最后，他当上了罗马的执政官。在他任职期间，一次，他和同僚托夸图斯率领大军镇压罗马的内部叛乱。决战在即，双方都已陈兵布阵，各项准备工作就绪。战斗的号角将在第二天清晨吹响。然而，就在前一天晚上，异象显示此次战斗双方皆有伤亡，其中一方会失去一名大将，而另一方的将领虽无生命危险，但会全军覆没。因此，如果哪位将领自愿献身，那么他们的士兵就能幸存。相反，如果他们选择自救，那么对方的将领会死亡，而自己的将士则会死无葬身之地。

  一早，德西乌斯·马乌斯和托夸图斯就碰面商量此事。他们两人中一定要牺牲一个人，从而保证罗马军在战役中大获全胜。但问题是，他们两人谁去死呢？最后，他们决定像往常一样各自领兵上战场杀敌。在杀敌过程中，如果哪支队伍先后退，那么先后退的队伍的将领就自觉献身。后来，德西乌斯·马乌斯的队伍先后退了，因此，德西乌斯·马乌斯必须牺牲自己。于是，德西乌斯·马乌斯召来军中的大祭司。祭司给他穿上献祭者的服装，然后将战袍裹在他的头上，然后让他站到事先放到地上的一支矛上，不断重复道："我愿为死神献上自己和对方的队伍为祭。"然后，德西乌斯·马乌斯跨上战马，全力冲向敌人最密集的地方。无数支矛和标枪相继将他刺穿。很快，敌军全面溃退，罗马军横扫战场，大获全胜。

第六章 谈判

德西乌斯·马乌斯拥有超自然力量。他通过自己战死沙场的结局换取了全军胜利。如今,这种神秘的力量传到了与他同名的长孙身上。这个人就是皮洛士的对手——德西乌斯·马乌斯。希腊军中盛传,一旦两军交战,德西乌斯·马乌斯就有可能像他的祖父一样,自愿为祭,从而让希腊军全军覆没。皮洛士的将士虽然敢直面战场上的各种危险,但他们深知自己无法对抗神明,因此非常害怕。

在这种情况下,皮洛士派信使前往德西乌斯·马乌斯的营地传话:"我警告你,你最好不要在战斗中使用任何妖术,否则你一定后悔。我已经吩咐下去,在战斗过程中,你要是胆敢冲到我军这边来,我方将士绝不会将你杀死,而会将你活捉。等战事结束,我们会用酷刑好好折磨你这个巫师和骗子。"对此,德西乌斯·马乌斯回复说:"我们在战场上用哪种战术,就不劳你费心了。你说的那种战术,我们只有在极危险紧急的情况下才会用。对付你们,我们根本不需要使用任何超自然力量。我们使用普通的战术就足以将你们拿下。"为证明所言不假,德西乌斯·马乌斯甚至还放弃河流的防御优势,允许皮洛士率军安然渡河,等皮洛士渡河之后再开战。或者,德西乌斯·马乌斯率军过河,到皮洛士所在地开战。也就是说,为公平对战,德西乌斯·马乌斯让皮洛士自选战斗场地。

皮洛士当然愿意接受这一安排。他选择待在原地,让罗马军渡河。罗马军横渡河流登岸后,立即在平地上陈兵布阵,准备战斗。与此同时,皮洛士也开始集结队伍,准备应战。

罗马将士最害怕希腊军中的大象。为此,他们还准备了一些特殊装置。罗马将士准备了很多战车,而且每辆战车上都配备了尖尖的长矛。战车前进时,长矛就对准大象,直到将其刺伤或刺死。同时,每辆战车上还有许多士兵,他们手中都拿着火把。当战车靠近大象时,士兵们就把火把扔向大象,恐吓大象。所有的战车都小心翼翼地朝着大象移动,而且所有驾车的士兵都接到命令:等大象移动了再开动战车。

从两军的备战情况以及参战人数可以预料到战况会十分激烈。战斗持续了整整一天,战场不断扩大。时而这方胜利,时而那方胜利。有时战斗优势转向这方,有时转向另一方。一时之间,难分胜负。大象成功地把战车围了起来,这极大地摧毁了罗马兵力。同时,一小支罗马军队找到了皮洛士的营地,他们打算把希腊军的大本营夷平。于是,皮洛士又抽出一部分兵力去守卫营地,

皮洛士利用军中的大象击败罗马军队

这让皮洛士在战场上陷入被动状态。经过一番波折，皮洛士终于重新将人马集结起来，将士们士气高涨。皮洛士开始掌握战役的主动权。在作战过程中，德西乌斯·马乌斯被杀，苏尔皮基乌斯·萨卧瑞欧独自指挥罗马军作战。皮洛士也身负重伤。最后，太阳下山，黑夜来临，战斗无法继续，双方开始撤军。战场上都是阵亡将士和生命垂危的士兵。一名将军向皮洛士道贺："太好了，我们又打退了敌军。"

实际上，这场战斗结束后，双方都很疲惫，无力再次开战。于是，双方都撤回安全区域，各自招兵买马，整顿装备，为下次战斗做准备。双方都按兵不动，直到秋季结束冬季来临，最后一直等到春天来临。春天一到，两军再次开战。现在，罗马大军有两名新的指挥官，其中一位是之前与皮洛士打过交道的法布里休斯。皮洛士和法布里休斯已经很熟了。在公开场合，他们是劲敌；但私下里，两人关系甚好。

皮洛士的军营中有一位医生叫尼亚西斯。某一天，尼亚西斯突然想到，只要自己投毒害死皮洛士，就可以向罗马人讨要一份赏金。于是，他给法布里休斯写了一封信说明自己的计划。法布里休斯收到信后，立即与同僚商议了一番。最后，他们决定把这件事告诉皮洛士，

第六章 谈判

让他提防身边人。罗马人派人把信交给皮洛士,同时,他们还给皮洛士写了一封信,信中说道:

> 凯斯·法布里休斯和昆塔斯·阿米里乌斯问候皮洛士国王:
>
> 你貌似既不擅长树敌,也不擅长择友。看完我们送你的那封信,你就知道,在你身边深受你器重的人不一定牢靠。你最信任的医生背叛了你,他打算毒害你。我们把这件事告诉你,不是出于友情。而是因为我们不想被人误会,说是我们实施的暗杀行动。我们不耻这种行径。此外,我们也想用行动向世人证明,我们可以光明正大地打败你。

皮洛士对敌军的慷慨之举心存感激。为了表达谢意,皮洛士立即下令释放所有的罗马俘虏。与此同时,罗马人也不想平白无故接受恩惠,于是把同等数量、同等级别的希腊俘虏遣送回皮洛士的营地。

面对罗马人的举动,皮洛士更加不想与罗马军对战。他每天都想着与罗马军队和谈。他想成为罗马人的盟友,而不是敌人。但罗马人一定要皮洛士撤军回国才肯与他和谈。对此,皮洛士又无法让步。就这样,皮洛士越来越头疼。他迫切希望有其他的事情可以转移自己的注意。这样,他就有理由从意大利撤军了。

第七章

西西里风云

精彩看点

拉纳莎——阿加索克利斯的暴政——阿加索克利斯的军事行动——阿加索克利斯从非洲潜逃——严重后果——血色大海——让人震惊的结局——忒库希娜和她的孩子——离奇的故事——梅农谋划毒害阿加索克利斯——篡位的风险——梅农的打算——皮洛士受到邀请——皮洛士的困惑——皮洛士决定前往西西里岛——在塔伦图姆备战——塔伦图姆人抗议——塔伦图姆人抗议的理由——皮洛士派齐纳斯先行前往西西里岛——西西里岛的形状——墨西拿的状况——西西里岛的麦尔提尼斯人的行径——麦尔尼斯人占领了墨西拿——进驻西西里岛所面临的三大任务——皮洛士起航前往西西里岛——皮洛士决定立即攻打俄依克斯——皮洛士身先士卒——城墙上的战斗——皮洛士获胜——盛大的庆典——战役的最终结局——皮洛士攻打麦尔提尼斯人——胜利——皮洛士想到新办法——海军兵力不足——西西里岛的人反对皮洛士的计划——西西里人的反叛——皮洛士的性格特点——他没有恒心——新的计划——返回意大利的悲惨历程——可怕的战场——皮洛士头部受伤——可怕的样子——麦尔提尼斯士兵——皮洛士成功到达塔伦图姆

我们在前文提到，皮洛士的妻子安提戈涅逝去后，皮洛士娶了叙拉古国王阿加索克利斯的女儿拉纳莎。阿加索克利斯是一位臭名昭著的暴君，手下的士兵同样是一些臭名远扬的强盗。阿加索克利斯率领这样的军队到处烧杀劫掠、无恶不作。他们有时进犯意大利，有时侵入非洲海岸的迦太基，有时还骚扰地中海的岛屿。阿加索克利斯多次征战沙场，饱尝战争的酸甜苦辣。有时他能大获全胜，享受成功的喜悦。有时他也会因为鲁莽和愚蠢而身处险境，他常常为了独自逃命而舍弃所有。

比如，一次，阿加索克利斯带兵到非洲抢掠。后来情况突变，阿加索克利斯就毅然舍弃全军将士，带着几个随从逃回国。阿加索克利斯的潜逃特别突然，他甚至没来得及把两个儿子带上。于是，两个儿子落到他的部下手中。为了泄愤，阿加索克利斯的部下把他的两个儿

阿加索克利斯与迦太基人交战。朱佩塞·休蒂绘

第七章 西西里风云

子全部处死,然后向敌军投降。消息传回西西里岛,阿加索克利斯气得要死。为了报仇,阿加索克利斯命人把那些将士的妻子儿女、兄弟姐妹以及其他任何相关的人都抓起来处以死刑,然后把他们的尸体投入大海。死去的人特别多,场面极惨。最终,海水都成了血色。

阿加索克利斯的暴行引起了人们的不满。在之后的日子里,不计其数的人想杀他。人们都想取他性命,就连他的孩子们也对他恨到咬牙切齿,想杀了他。最后,阿加索克利斯死在自己的孙子手里。如果历史记录属实,阿加索克利斯是被自己的孙子阿奇埃加瑟斯杀死的。但这个故事太过残忍,使人们觉得不太真实。据说,阿奇埃加瑟斯先杀了阿加索克利斯的一个儿子,也就是自己的亲叔叔。而阿奇埃加瑟斯的父亲已经去世,这样一来,阿奇埃加瑟斯就成了唯一继承人。后来,阿奇埃加瑟斯等不及阿加索克利斯老去,就想办法杀了阿加索克利斯。另外,他的好几个儿子也被杀了。当时,阿加索克利斯有一位妻子叫忒库希娜,她有两个儿子。为了避免阿奇埃加瑟斯杀这两个孩子,阿加索克利斯决定把孩子和忒库希娜送往埃及避难。但忒库希娜对此非常不满。因为,在她看来,去埃及相当于被流放。而且,她知道阿奇埃加瑟斯一直在谋划篡位,她不想让丈夫一人留在叙拉古。

但最终她还是答应了阿加索克利斯，与丈夫泪别。忒库希娜离开不久，阿加索克利斯就驾崩了。

据说，阿加索克利斯是这样死的：阿加索克利斯俘获了一名战俘，名为梅农。当时梅农年龄特别小，阿加索克利斯就将他留在宫中。尽管梅农是战俘，但他深得阿加索克利斯的喜欢。因此，梅农晋升很快。但阿加索克利斯对梅农的宽容和喜爱没有换来梅农的感激，也没有赢得梅农的友情。阿奇埃加瑟斯利用这一点，想方设法引诱梅农毒害国王阿加索克利斯。众所周知，国王食用的东西必须经过严格检查，任何有毒成分都会被检测出来。梅农用了一个办法。他把毒液涂到国王的翎笔上。因为国王每次饭后都会把翎笔当牙签使用，所以毒液就通过这种方式渗入国王的牙齿和牙龈引起剧痛、溃烂。很快，毒液就侵入国王的五脏六腑，将他折磨得奄奄一息。最后，国王完全说不出话，好像已经失去知觉。但梅农害怕国王恢复正常，就在国王还未咽气之前，放了一把火毁尸灭迹。

《圣经》中有句话："动用刀剑者，必将死于刀剑之下。"纵观人类历史，几乎每一位暴君都验证了这句话。暴君的结局总是很凄惨。无论哪个时代，凡通过暴力夺取王位的人在位时间都特别短，因为总有比他更暴

第七章 西西里风云

力的人将他赶下王位；通过暗杀或毒害对手而登上王位的人也总会被想取代他们的人刺杀或毒害。

前文提到，皮洛士出兵意大利时，阿加索克利斯驾崩已有九年。在此期间，西西里王国一直处于分崩离析的状态。梅农毒死阿加索克利斯之后，立即逃到阿奇埃加瑟斯的军营。当时，阿奇埃加瑟斯正在城外不远处练兵。到了之后，梅农设法刺杀了阿奇埃加瑟斯，并夺取了兵权。但很快又有其他人宣称自己拥有王位的继承权。于是，战争爆发。在这个过程中，梅农丧失了兵权。最终，面对混乱的国内局势，西西里王国的两位将领提议让皮洛士与拉纳莎的儿子回国继承王位。毕竟，皮洛士与拉纳莎的孩子是阿加索克利斯的外孙，而阿加索克利斯王室又没有其他继承人，因此，唯一的办法就是派人去请皮洛士，让皮洛士的小儿子继承西西里王国的王位，从而让西西里王国恢复和平。拉纳莎的儿子名叫亚历山大。当时，他才十二岁。

收到西西里王国邀请的同时，皮洛士还收到马其顿传来的消息。据说，马其顿的局势对皮洛士特别有利。因此，人们建议他立即返回马其顿，将其占领。一时之间，皮洛士不知如何选择。马其顿人的建议非常有诱惑力。然而，相比之下，出征西西里王国取得胜利的可能性似乎更大。皮洛士犹豫不决，他甚至抱怨上帝太残忍，竟然同时给了他两个极具吸引力的选择，而自己只能二选一。最终，他决定先出征西西里岛。

皮洛士决定出征西西里岛，是因为那里离非洲海岸特别近，而且这关乎迦太基人的利益。如果皮洛士能在西西里岛的战事中取胜，那他就可以借机进入非洲。到时候，他就能夺取迦太基人的政权，将整个非洲拿下。这样一来，他统治的区域不仅包括伊庇鲁斯、意大利南部和西西里岛，甚至还包括非洲。这样，他就能轻易地征服希腊，并将地中海沿岸所有经济富裕、人口稠密的城邦纳入自己的统治范围。皮洛士会拥有世界上最强大的海军。如果到时候他还想入侵其他国家，一切就容易多了。

总之，皮洛士决定先转战西西里岛，然后再处理马其顿的事。

做完决定，皮洛士立即从意大利撤军，然后把兵力调集到塔伦图姆。皮洛士开始全面备战：建造、修缮船只，制作帆布索具，训练士兵，筹备粮草及其他军需，一切都进行得如火如荼。塔伦图姆的百姓也和他们一起备战，他们不是在观望，而是直接参与整个过程。皮洛士俨然这个国家的领袖，他掌握着塔伦图姆的最高统治

皮洛士的半身雕像

权。尽管塔伦图姆的百姓无意接受皮洛士的领导，但皮洛士说："所有人必须遵守秩序、服从命令，否则我们永远都无法打败敌人。"皮洛士言之有理。而且，皮洛士的确也击退罗马军两次，他用事实证明了自己的能力。因此，塔伦图姆的百姓也就无话可说。毕竟政权暂交外邦人统治总比被罗马人全面占领好一些。

但当塔伦图姆的百姓知道皮洛士还没打败罗马军就准备转战西西里岛后，他们立即表示抗议。他们希望皮洛士一直待在塔伦图姆，直到罗马彻底落败。因为罗马人虽然受挫，但他们还没有完全投降。因此，塔伦图姆的百姓建议皮洛士等塔伦图姆真正获得独立的时候再离开。显然，塔伦图姆人的抗议无效。

塔伦图姆人发现皮洛士已下定决心要离开，便要求皮洛士将兵力全部撤回并将最高统治权还给塔伦图姆。但皮洛士不会同意这些要求。因为他一点儿都不想放弃权力。于是，他留下一支军队继续维护自己在塔伦图姆的统治，并派人摄政。此外，他还留下一部分兵力，维持塔伦图姆的秩序。一切准备妥当后，他才率军前往西西里岛。

像往常一样，皮洛士无论去哪儿都会安排齐纳斯先行。齐纳斯率领军队登上战舰离开塔伦图姆。经过一段

第七章 西西里风云

也需要皮洛士解决内部矛盾，让他们团结起来拥护年轻的亚历山大为王。

西西里的问题主要靠齐纳斯解决。他利用了强大的和谈手段，成功解决了西西里人的内部纷争。西西里人一致拥护亚历山大的统治，时刻等待皮洛士和亚历山大的到来。至于迦太基人和麦尔提尼斯人，在皮洛士率军抵达西西里岛之前，齐纳斯选择按兵不动。

在塔伦图姆，一切准备就绪。皮洛士的舰队由两百艘船组成，每艘船上都挤满了装备齐全的士兵。在十万百姓的目送中，船队离开塔伦图姆港沿着意大利海岸缓缓前进。最后，船队驶入西西里海域，不断向岸边靠近。此时，西西里城以及周边城市的百姓纷纷涌到岸边观看。在齐纳斯的努力下，所有百姓都视皮洛士为救星，他们迫切等待者皮洛士一行人的到来。他们指望着皮洛士能以亚历山大的名义，在这里重建君主制，恢复社会和平稳定，驱逐外敌。因此，当舰队靠岸时，等皮洛士及其大军一踏上西西里岛的土地，人群中就爆发出雷鸣般的掌声。

庆典活动结束后，年轻的亚历山大正式登上王位，建立起西西里的政权。当然，国家实权掌握在皮洛士的手中。紧接着，皮洛士准备开战。集结兵马之后，皮洛士发现自己的手中共有三四万兵马。经过一番筹划，皮洛士决定先攻打迦太基人。他带领大军赶往西西里岛西北部，在那里，皮洛士率军与迦太基人展开激烈的战斗。迦太基人节节败退，退回城内，死守城门。皮洛士率军前去攻城。考虑到俄依克斯是迦太基占领的最大城池，皮洛士决定对其实施强攻。将士们开始强行攻城，他们把无数木梯搭到城墙外，然后冲破敌军的种种阻挠，奋力向城墙上攀爬。可想而知，将士们是在拿生命作战。城墙上的敌军也是全副武装，他们不断把手里的标枪、石头以及其他各种可投掷的东西掷向梯子上的士兵。

无论皮洛士在其他方面有什么缺点，但有一点是值得肯定的。作战期间，皮洛士向来都是身先士卒。他亲自带领将士们攻城，并且他还是第一个攀爬梯子的人。在发起进攻之前，皮洛士举行了盛大的宗教仪式。在仪式中，皮洛士恳请赫拉克勒斯在战役中庇佑自己，他甚至许诺："您如果真的愿意帮我，让西西里的百姓看到我的英勇无敌，见证我如何铸就丰功伟绩，让我无愧于他们的期待，无愧于祖先，无愧于往日荣誉的话，战役结束之后，我愿举办很多场庆典，为您献上最珍贵的祭物，使您的圣名远扬。"皮洛士许下誓言后，战鼓响起，将士们在皮洛士的带领下冲向城门。在攀爬梯子的过程

赫拉克勒斯是古希腊神话中最伟大的英雄。古希腊时期的国王在出征前为鼓舞士气都要祭祀赫拉克勒斯。图为赫拉克勒斯

中，皮洛士不断用手中的盾牌抵挡敌军扔下来的东西，最后皮洛士成功登上城墙。登上去之后，皮洛士丝毫没有松懈，他一鼓作气，不断与城墙上的将士们厮杀。敌士一个个死去，在皮洛士的周围形成了一圈由尸体堆积起来的矮墙。

与此同时，城墙外的梯子上全是士兵，他们在敌军的投射下拼命往上爬。城墙下，不计其数的将士集结起来，不断朝城墙上射箭，投射矛、标枪以及其他东西，企图射杀城墙上方的敌军，从而协助爬梯的人登上城墙。在下方将士的帮助下，爬梯的人成功登上城墙。最后，将士们攻下了俄依克斯城。

为了践行许下的的诺言，皮洛士举办了盛大的庆典活动，包括各种祭祀、表演以及宴会活动，以此表达对赫拉克里斯神的诚挚谢意。

这次战役后，皮洛士对迦太基人又连续发动了多次战役，在此就不一一详述了。我们需要知道的是，在皮洛士的进攻下，迦太基人被迫撤离俄依克斯城。他们有的躲到据点里不出来，有的退至深山老林，一时之间，皮洛士无法将他们驱逐。皮洛士的确也没有耐心跟他们耗，于是，他转变方向去攻打西西里岛东北部的麦尔提尼斯人。在那里，皮洛士严密部署各项行动，而且每次

第七章 西西里风云

行动他都亲自上阵。皮洛士英勇拼杀，毫不退缩，因此战果颇丰。他成功地摧毁并占领了麦尔提尼斯人的多个据点，将他们全部逐出西西里岛。最后，麦尔提尼斯人不得不退至小岛边境——麦西拿。这样一来，西西里岛几乎全都控制在西西里人手里。但那些外敌只是暂时受到打击，他们并没有完全撤离西西里岛。

迦太基人派使者来见皮洛士，他们声称还想待在西西里岛西北部。因此，他们想跟皮洛士划定边界，从此双方互不侵犯。皮洛士回复自己对这样的提议不感兴趣。此外，他还学着罗马人回复说："你们要是全部撤出西西里岛的话，我还可以考虑考虑。"迦太基人当然不会同意，双方和谈就此搁浅。

迦太基人一直坚守在据点。皮洛士考虑到，如果派兵强行驱赶的话，不但耗时耗力，而且结果也不确定。于是，皮洛士决定按照最初的想法，让迦太基人待在西西里岛，自己率兵侵入非洲。皮洛士认为，只要登上非洲的领土，迦太基大本营的安全就会受到威胁。这样一来，迦太基的统治者就一定会将全部兵力召回。迦太基的人自然就会主动离开西西里岛。于是，皮洛士立即整顿舰队，准备穿越地中海。

虽然皮洛士船只很多，但海军人数却远远不够。因此，皮洛士要求西西里人加入战斗。但西西里人非常不乐意。一方面，西西里人知道此次航程漫长且危险，他们不想冒险；另一方面，敌人还没有完全撤离，他们不赞成皮洛士此时离开。他们说："你这一走，迦太基人和麦尔提尼斯人就会冒出来，而我们的国家会再次陷入苦海。到时，你好不容易夺回来的土地又会被他们占领。这里的百姓也将身处水深火热之中，处境甚至比之前更惨。"

显然，西西里人的担心不无道理，但皮洛士完全听不进去。他决意前往非洲，因此，面对阻挠，他表现得极其蛮横、专制。仅仅因为怀疑某些将领反对自己的计划，皮洛士就下令将其逮捕，甚至还将其中一位将领处死。这位将领先前还力排众议邀皮洛士来西西里岛，但皮洛士完全不念他们的友情。与此同时，皮洛士还积极备战，他强迫西西里岛的将士加入作战队伍，命令他们登船。此外，皮洛士还采取了其他极端措施。如果这些措施是由西西里岛的国王颁布的，那百姓也许可以勉为其难服从。但皮洛士只是受邀前来帮西西里的百姓解决困难的，他的这些措施让西西里的百姓觉得难以忍受。因此，在皮洛士前往非洲之前，西西里岛各地相继发生叛乱。有些人加入麦尔提尼斯人的队伍，有些人加入迦太基人的队伍。整个西西里岛极其混乱，皮洛士只能眼

第七章 西西里风云

睁睁看着井然有序的国家顷刻间土崩瓦解。

读者应该知道,皮洛士的性格决定了他不懂得如何应对紧急事件。如果要开创新局面,或是紧急出兵,皮洛士肯定当仁不让。但他的确缺乏处理危机的能力。他充满热情、有冲劲,却没有恒心,也不够果决。他能攻能打,但不会筹谋布局。敌军来临时,他可以毫不退缩,直面敌军,但深陷僵局或困境时,他只想逃避。因此,皮洛士很快就宣布延迟进攻非洲的计划。就在此时,塔伦图姆派人来报,请皮洛士立即返回塔伦图姆。这个情报可能是真的,因为皮洛士留了一部分兵力在塔伦图姆,所以可能收到塔伦图姆的消息。无论当时皮洛士是否真的收到了来自塔伦图姆的情报,实际情况都是他正在等待一个离开的机会。

但皮洛士的敌人怎么会允许他离开呢?迦太基人得知皮洛士的计划后,派出一支舰队监视西西里海岸,准备随时出动拦截皮洛士;麦尔提尼斯人则派兵穿过麦西拿海峡,前往皮洛士可能会登陆的海岸,企图在那里袭击皮洛士的军队。迦太基人和麦尔提尼斯人的计划都成功了。迦太基人成功袭击了皮洛士的舰队,击毁了多艘船只。最后,皮洛士带着几艘小船死里逃生,抵达意大利海岸。麦尔提尼斯人集结了一万人马已经在岸边等候多时。等皮洛士一靠岸，麦尔提尼斯人就发起进攻。皮洛士迅速集结了小船上的所有兵力。显然，在一定程度上，麦尔提尼斯人被这些兵力震住了，不敢一拥而上。最后，麦尔提尼斯人将兵力分为数小支，分别把守海岸到塔伦图姆港沿线的各个峡道，在皮洛士前行途中不断拦截骚扰。最终，麦尔提尼斯人击掉皮洛士的两头大象，击败了他的几支单独行动的小分队，从而彻底打乱了皮洛士的计划，让他的军队陷入混乱。万般无奈之下，皮洛士决定拼死一战。在混战中，皮洛士看准时机，率领一支作战经验丰富的小分队冲出包围，以迅雷不及掩耳之势袭击了麦尔提尼斯人。

紧接着，一场恶战爆发。像往常一样，皮洛士拼死搏杀。压抑很久的愤怒转化为杀敌的力量，皮洛士冲到战斗最激烈的地方。因其力大无比，一时之间，靠近皮洛士的人都倒在他的刀下。

然而，皮洛士的头受了伤，貌似伤口很深。很快，皮洛士就觉得有点儿晕。鲜血顺着脸和脖子流下来，皮洛士的朋友赶紧将他从敌人手中救出来。他们把皮洛士带到安全地带之后，皮洛士竟然醒过来了。军医检查后发现皮洛士伤得并不重。此时，敌军更加放肆，竟然来到皮洛士营帐的周围，叫皮洛士迎战。他们嘲笑皮洛士，

麦尔提尼斯人攻击皮洛士的大象

话语中满是挑衅和蔑视。一开始，皮洛士还能忍受，但最后他还是爆发了。他满腔怒火，推开身边的朋友和侍从，不理他们的劝阻，拿起武器冲出营帐与敌军拼杀起来。此时，皮洛士气喘如牛，满脸是血，所有看到他的人都为之一颤。一个不停刺激皮洛士的麦尔提尼斯士兵举着武器朝皮洛士冲了过去，皮洛士避开了对方的攻击，转而举起剑砍向对方的头，生生将那人劈成两半，两半尸首滚落到不同的地方。

很难说，人类的兵器到底有多大的力量。但古人认为，单单用剑将人劈成两半几乎是不可能的，即使可能，那也是人类所能达到的极致，并且只有少数人可以做到。但在现代人看来，这样的事情是绝不可能的。

皮洛士把人砍死后，麦尔提尼斯人没有继续骚扰皮洛士，而是从此处撤军，让皮洛士率军返回塔伦图姆。最终，皮洛士带着剩下的人马回到塔伦图姆。实际上，他带回来的兵力几乎等于他当初离开塔伦图姆时带走的兵力。总体来说，皮洛士统治西西里岛的计划全面失败了。就像皮洛士参与的其他军事行动一样，刚开始时，皮洛士总是能大获全胜，但结局总是不尽如人意。

第八章

撤回伊庇鲁斯

精彩看点

皮洛士所率领的军队——力量薄弱——皮洛士的危险处境——洛克里——皮洛士重新占领洛克里——死亡女神普罗塞尔皮娜——缘由——半人半马的怪物、美人鱼、鹰头马身有翅怪兽以及其他神话传说——普罗塞尔皮娜的寓言故事——谷物女神克瑞斯寻找女儿——普罗塞尔皮娜一生的重要意义——祭献的礼物和祭品——皮洛士征用了洛克里神庙的财宝——船只失事与财宝丢失——皮洛士深受恐惧的折磨——皮洛士出塔伦图姆——迎战罗马人——皮洛士在贝内文托迎战库里乌斯——皮洛士举着火把穿过山间小径——罗马人大吃一惊——皮洛士被击退——战场上的皮洛士英勇无敌——攻击象群——用火把吓唬大象——小象和母象——皮洛士逃跑——权宜之计——安全抵达伊庇鲁斯虽然皮洛士返回塔伦图姆时带回的士兵的人数与他之前带走的人数差不多，但前后军队的战斗力差别却很大。当初追随皮洛士的人慢慢不在了，他们有的死在战场上，有的死于战争带来的疲乏与困顿，还有更多人没能挺过行军途中的各种灾难。现在，追随皮洛士的人是他从其他地方强行征来的新兵。因为这些新兵都是雇佣兵，所以他们根本不讲忠义。也就是说，只有皮洛士付薪水给他们，他们才愿意上战场。简言之，军中这些宣誓效忠皮洛士的人只是一些无组织、无纪律的穷光蛋，他们丝毫不关心为谁而战，更不会因战争的胜败而悲喜。他们追随皮洛士，仅仅是因为皮洛士给他们钱。并且他们喜欢这种生活方式，毕竟不时还能从战场上抢到好东西。

除了士兵的情况之外，皮洛士还面临其他许多困境。罗马人趁皮洛士前往西西里岛，占领了整个意大利。皮洛士曾经攻下的城池要么被罗马人占领，要么实现了自治。皮洛士在塔伦图姆建立的政权力量锐减，只是死守着塔伦图姆。这种局面让皮洛士迫不及待想开战收回失地。

皮洛士先采取各种措施整顿部队，并筹集军用物资。皮洛士的财力已经耗尽，于是他派使臣去盟国借钱。皮洛士很清楚，一旦军中将士知道他无力支付佣金，很多人都会离他而去。因此，皮洛士一直惶惶不安，不断催促使臣们去借款。

皮洛士并没有坐着等，而是发兵洛克里。从地图上可以看到，洛克里位于意大利南海岸，皮洛士曾占领过这里。但在皮洛士出兵西西里岛时，罗马人趁机强占了洛克里。洛克里是一个占地面积较大的小镇，夺回洛克里对皮洛士意义重大，因为著名的死亡女神普罗塞尔皮娜神庙就在此处。神庙建筑气势恢宏，装饰华丽，神庙让洛克里小镇声名远播。神庙也因为某些原因成为皮洛士心中的圣地。

普罗塞尔皮娜就是所谓的死亡之神。现代人很难理解古代希腊人和罗马人的想法，不懂他们为何崇拜神。因为在现代人看来，那些所谓的神不过是人们基于现实

死亡女神普罗塞尔皮娜

将幻想、迷信等杂糅在一起得到的产物。为了更好地理解这个概念，我们需要明白，那时的人还无法分辨真假，他们认为肉眼看到的才是真的。当时，科学和哲学也才刚起步。也就是说，人们无法区分真实与虚幻。他们从自然界观察到的种种现象，经由想象加工，最终成为他们意识里的真实事物。人们在田野里看到狮子和大象，就会猜想远方必定也有半人半马怪物、美人鱼、鹰头马身有翅怪兽和龙；人们见过英雄豪杰，就坚信美丽的山巅也居住着神仙以及半人半神的生物；人们相信，眼前的美丽风景会一直向远处绵延，永无止尽；人们也相信，脚下的土地是无边无垠的；人们猜想人间的亡灵会经由神秘的洞穴直达地底。普罗塞尔皮娜就是死亡女神，也是冥王的王后。

普罗塞尔皮娜的故事有很多版本，其中最详细的版本是这样的：

普罗塞尔皮娜是朱庇特和谷神克瑞斯的女儿。因为追求普罗塞尔皮娜的人太多，为了保护自己的女儿，克瑞斯将女儿藏到西西里岛的一处山洞中，派侍女卡莉吉娜伺候，同时还派神龙守在洞口。冥王向朱庇特求亲，他想娶普罗塞尔皮娜。朱庇特答应了，派维纳斯将普罗塞尔皮娜带出山洞。维纳斯在技艺之神密涅瓦和守护之

第八章 撤回伊庇鲁斯

神戴安娜的陪同下来到普罗塞尔皮娜藏身的洞口，三位女神设法引开洞口的神龙，然后进入山洞邀普罗塞尔皮娜出洞。洞外的美景与洞里的荒凉景象形成鲜明对比，普罗塞尔皮娜沉醉在美景中。在微风的吹拂下，普罗塞尔皮娜尽情奔跑，听鸟语、闻花香。其实，鲜花是朱庇特特意变出来的。这些鲜花开到极致，芬芳异常，将普罗塞尔皮娜的仆人吸引到了远处。突然，大地开裂，冥王坐着金色的战车从地下出来，他出现在普罗塞尔皮娜的面前，紧接着，冥王一把掳走了普罗塞尔皮娜。

克瑞斯得知女儿被掳走非常伤心，她立即找到朱庇特，要求他立即把女儿带回天上。朱庇特一直劝克瑞斯同意冥王和普罗塞尔皮娜的婚事，但克瑞斯坚决不同意。最后，在克瑞斯的声嘶力竭中，朱庇特同意如果普罗塞尔皮娜还没有食用冥界的食物，他就可以将女儿带回。于是，克瑞斯前往冥界寻找女儿。不幸的是，普罗塞尔皮娜在和冥王穿过极乐世界时，随手从树上摘了一颗石榴吃。冥王不同意克瑞斯将普罗塞尔皮娜带回奥林匹斯山。最终，双方达成协议，普罗塞尔皮娜陪冥王在地下待六个月，然而再回山上和母亲待六个月。

人们非常敬重普罗塞尔皮娜，各地的百姓都会为她举行各种祭拜仪式。在人们心中，普罗塞尔皮娜半年待

冥王驾驶金色战车掳走普罗塞尔皮娜

第八章 撤回伊庇鲁斯

在冥界,半年住在山上的生活方式意义非凡。这就跟植物一样,有生死轮回的过程。她在山上的六个月里,植被欣欣向荣,绿色覆盖大地。六个月之后,她回到冥间,大地一片荒芜,植被只剩下根茎埋在土里。因此,普罗塞尔皮娜成为植物的代名词,她不仅象征着死亡和坟冢,也预示着复活和再生。

人们为普罗塞尔皮娜建造了许多庙宇,其中一座就在洛克里。这里不时有各种庆典,有时甚至有盛况空前的游行。这座神庙香火特别旺,庙里的财富不断增加。每当有王子或君王前来祭拜,都会奉上一些金银器皿和珍贵的宝石等。

皮洛士夺回洛克里之后,神庙自然也属于皮洛士。皮洛士的谋士们建议:"既然咱们现在急需用钱,不如就用神庙里的财宝吧。"他们认为,神庙的财宝属于国家。洛克里的百姓在皮洛士出征西西里岛的时候叛变,那么,现在皮洛士夺回洛克里,那这些财宝就算得上是战利品。皮洛士接受谋士们的建议,他下令将神庙中珍贵的物件全部带走,将它们装船运往塔伦图姆全部变现,这样他就有足够的金钱筹备军用物资了。

不幸的是,船队在海上遭遇了一场巨大的暴风雨,皮洛士差点全军覆没。划船的水手掉入水中淹死了。但船上的财宝没有丢失。汹涌的海水将船只和水手吞没，却将财宝冲到了岸边。皮洛士的手下发现，财宝全都散落在岸边的石头和沙粒中。面对突如其来的灾难，皮洛士非常害怕，他认为这是神的惩罚。因为他抢掠神庙里面的财宝，亵渎了普罗塞尔皮娜。于是，皮洛士小心翼翼地将散落在岸边的财宝捡起来，悉数送回洛克里。此外，皮洛士还在普罗塞尔皮娜神庙举办了隆重的祭拜仪式，以此忏悔。同时，为了进一步平息普罗塞尔皮娜的怒火，皮洛士还下令处决了建议他占财宝为己用的谋士。

皮洛士尽量在弥补自己的过错，但他的内心还是无法平静下来。他一直惦记着自己招惹神明的事，他不相信普罗塞尔皮娜的怒火会平息。后来，每当灾难降临，皮洛士都会将其归因于此。皮洛士觉得，死亡女神一直跟着他，目的就是毁掉他。

当时已是深秋，皮洛士和罗马人都停止行动准备来年春天再战。停战后的这段时间，皮洛士一直在练兵，他积极地为来年的战斗做准备。但，在备战过程中难题不断出现。首先，军中依旧财政短缺，只有少数盟友借钱给皮洛士；其次，塔伦图姆的百姓已不像从前那样信任皮洛士了。他们无法原谅皮洛士撇下他们前往西西里岛。所以他们现在也就不会把身家性命再次交到皮洛士的手中，他们对皮洛士也不如往日那样热情了。因为各种原因，在练兵的过程中，皮洛士一直在遭遇各种阻碍，他的内心也随之变得不安和阴郁。

尽管如此，皮洛士仍然没有放弃。春天一到，皮洛士就亲自率领一大批人马队迎战罗马人。罗马军在两位执政官的率领下兵分两路。两支队伍的行军路线不同，一支队伍朝北行进，穿过萨谟奈；另一支队伍朝南开进，越过卢卡尼亚，这支军队的首领是库里乌斯·登塔图斯。两支队伍尽管路线不同，但目的地都是塔伦图姆。皮洛

壁画上的库里乌斯·登塔图斯

士也将自己的军队分为两支。他派一支军队向北行进，迎战罗马军的北行军队；自己率领另一支军队向南行进，迎战从卢卡尼亚来的那支罗马军。

皮洛士率军进入卢卡尼亚时，向南行进的罗马军也到了卢卡尼亚。罗马军将领库里乌斯发现对方将领是皮洛士后，立即派兵知会北行军首领兰图拉斯，让他直接率兵来卢卡尼亚，然后他们一起对战皮洛士。库里乌斯在一个叫贝内文托的地方安营扎寨，构筑起坚固的防御工事。皮洛士进入卢卡尼亚后不断向贝内文托靠近。在了解了敌军的情况以及库里乌斯的打算后，皮洛士让军队停下来。他开始筹划最佳行动方案。最后，皮洛士得出结论，他认为应该在对方援军到来之前开战。于是，皮洛士立即率军前行，他想攻其不备。皮洛士率军在卢卡尼亚的主道上快速行进，越来越接近贝内文托。傍晚时分，皮洛士令全军将士安营扎寨。但皮洛士并没有等到天亮才进攻。在向导的带领下，他率领全军将士举着火把从山中小径穿越漆黑的森林和阴暗的峡谷。皮洛士是想在第二天清晨时分，出其不意攻其不备，从山上直接冲到罗马人的营帐中。

尽管将士们作了充分的准备，但前行之路困难重重，导致行军速度非常缓慢。林间小路有很多灌木丛、岩石、

第八章 撤回伊庇鲁斯

倾倒的树干以及沼泽地。夜间,很多将士的火把都熄灭了,有的是不小心灭的,有的是燃料燃尽灭掉的。在这种情况下,将士们只能在黑暗中摸索着前行。走过一段曲折迂回的小路后,很多人都迷路了。尽管困难重重,皮洛士还是带领着主力部队勇敢地行进。黎明时分,主力部队成功抵达了罗马军营附近。整顿好人马之后,皮洛士立即陈兵布阵,带领将士们从山上冲下来,叫嚣着冲进敌军的营地。

罗马人惊呆了,营地瞬间乱了。罗马士兵纷纷拿起武器,冲出营帐,抵抗敌军。他们的反抗取得了成功。很快,罗马人就从被动防御转变为主动进攻,甚至还有人突出重围主动与敌军对抗。最终,罗马人占了上风,希腊人被迫撤退。希腊人死伤者众多,就连皮洛士带去的大象都被杀掉了。罗马人相当开心。

库里乌斯对自己的军队非常有信心。于是,他决定不等兰图拉斯来直接向皮洛士开战。主意已定,库里乌斯将兵力集中到营地旁边的平地上,占据地缘优势。实际上,库里乌斯和皮洛士之间全是平地,根本不存在所谓的优势。皮洛士接受了库里乌斯的挑战,率领军队到罗马军对面,双方正式开战。

战斗开始不久,皮洛士的一支侧翼部队就开始后退,另一支侧翼部队在皮洛士的率领下不断获胜。皮洛士亲自率军，他的骁勇善战极大地激励了众将士，将士们坚决地与敌军殊死搏斗。最终，击退了一批又一批罗马士兵，将他们逼回营地。然而，能够取胜不只是因为皮洛士一人的缘故。在很大程度上，象群也发挥了重要作用。因为罗马人完全不了解大象，所以不知道该怎样抵御大象的进攻。无论罗马人躲到哪里，大象都能冲过去将他们的掩护工事夷为平地。面对这种状况，库里乌斯又调来了一支兵力。其实这是罗马军的后备军，他们就驻扎在营地附近，时刻准备着投入战斗。此刻，这支军队得到指令，加入战斗攻击象群。他们一手挥动着剑，一手拿着早已准备好的火把冲进战场。靠近大象时，他们就把手中的火把扔向大象吓唬它，从而让象群失控。然后他们用手中的剑攻击大象的驯象师，以及协同大象作战的希腊士兵。罗马人的反击很成功，象群很快失控，有的大象甚至冲到密集的人群中。人们纷纷逃散，场面极其混乱。大象将士兵们撞到在地，肆意踩踏。有的大象被矛刺中，痛得倒在地上。

据说，在混乱战场上还发生了一件特别的事，这件事生动地展现了牲畜伟大的母爱。当时，皮洛士的象群中有一只小象，它的母亲也在战斗的队伍之中。小象还

第八章 撤回伊庇鲁斯

小,但可以参战。小象距离母象不远。在作战过程中,小象受伤后发出可怕的惨叫。母象听见叫声,辨别出是自己孩子的叫声。母象一心只想保护小象,它瞬间失控,挣脱了驯象师的控制,横冲直撞,将身边的一切障碍物都踩得粉碎。这一幕发生在罗马后备军加入战斗后不久,这直接导致了战场上的混乱。

最终,皮洛士战败,被迫退回塔伦图姆。罗马军乘胜追击,攻城略地。皮洛士撤退的速度越快,能跟上的士兵也就越少。皮洛士到达塔伦图姆时,他的身后仅剩几名骑兵。皮洛士赶紧向盟友求援,但援军一直没来。

母象保护受伤的小象

为了能将剩下来的士兵留在身边，皮洛士不惜伪造盟友的信件。他在伪造的信中称马上就会有补给。然后，皮洛士把这些信件拿给将士们看，防止他们泄气离开。但这种计谋只能维持一时的平静。皮洛士很快就意识到，自己已经无法在意大利重新崛起了，于是他决定放弃。皮洛士假装想要弄清楚为什么好友承诺的救援还没到，还说援军肯定是玩忽职守在路上耽搁了，因此他要亲自去看看是怎么回事。皮洛士承诺他一定会尽快返回。然后，皮洛士从塔伦图姆港扬帆起航，穿过亚得里亚海，回到伊庇鲁斯。此时，距他离开伊庇鲁斯已有六年了。

第九章

利西马科斯家族

精彩看点

利西马科斯家族的情况——王位继袭制——王位承袭的难点——例子——回到马其顿的历史——关于利西马科斯力量与勇气的故事——利西马科斯被囚到地牢与狮子共处——阿玛斯特里斯和她的两个儿子——阿尔西诺埃——托勒密家族中的不和——不和的由来——家族的描述——托勒密·塞劳努斯——矛盾从埃及转移到马其顿——利桑德拉——阿尔西诺埃嫉妒和憎恶——阿加索克利斯遭囚禁——危及孩子——利桑德拉逃走——集结兵力——殊死决斗——托勒密·塞劳努斯——鲁莽的性格——费拉德尔普斯与塞琉古的联盟——塞琉古的计划——托勒密·塞劳努斯考虑叛变——阿尔戈斯——托勒密·塞劳努斯赶往马其顿——托勒密·塞劳努斯的对手和仇敌——各自的主张——托勒密·塞劳努斯与安提柯一世的较量——阿尔西诺埃和她的孩子——撤回卡桑德拉——托勒密·塞劳努斯提议娶阿尔西诺埃——托勒密·塞劳努斯大获成功——外敌入侵的威胁——托勒密·塞劳努斯自卫——托勒密·塞劳努斯惨死

读者们也许还记得，皮洛士出征意大利之前曾出兵马其顿。当时与他对战的是利西马科斯。皮洛士离开马其顿后，利西马科斯统治马其顿多年。后来，利西马科斯在一次政变中被迫让位。这也从侧面反映出古代权力分配制度的特点——古代盛行王位世袭制，并且君主的权力至高无上。

研究政治体制的学者认为，王位世袭制与选举任命制相比有绝对优势，那就是它具有确定性。在王位世袭制国家，一旦君王驾崩，国家的最高权力自然转移到君王的嫡长子手里。然而，如果在选举任命制国家，要进行选举。而选举必然产生争论，争论导致政权分化，最终形成党派。党派之间还要立论争辩，争辩完才有结果，而争辩的结果不一定服众。因此，王位世袭制更简单透明，更具确定性，而选举制会引发无穷的争议，甚至导致内战爆发。

从理论角度看，王位世袭制的确比选举制有优势。但在实际操作过程中，会发现王位世袭制也有不确定性，甚至情况会更复杂。在国王驾崩之后，仅有一名继承人的情况往往不存在。王室有很多分支，各分支之间的关系相当复杂。这些关系会因婚约而联结，也会因军事行动或变革而改变。王室成员关系错综复杂，很难理清。比如，法国王室成员的关系就是这样。波旁家族、奥尔良家族和拿破仑家族都宣称自己有权执掌最高权力，三方都宣称自己是合法继承人。争端只能凭借三方的实力解决，别无他法。即使想按照律法和平解决争端，也没有任何一条律法适用。或者是相关律法太复杂，理论上根本解决不了。因此，解决问题的唯一办法就是用实力说话。

实际上，古代王朝的历史是由不同家族或同一家族不同分支之间抗争和夺权组成的，因为每一方都会宣称自己拥有合法继承权。历史里充满了阴谋和血战。皮洛士出征意大利和西西里岛期间，马其顿就经历了这样一段血雨腥风的日子。这段日子里主要涉及利西马科斯家族及其继承人的事情。接下来我们详细来看一下。

皮洛士出征意大利之前，一直在马其顿战场与利西

第九章 利西马科斯家族

马科斯较量。利西马科斯当时已经上了年纪，他大概七十多岁。利西马科斯曾追随亚历山大大帝多年，他是亚历山大大帝手下最杰出的将领。据说，利西马科斯年轻时力大无比，非常勇猛，军中流传着许多他的故事。比如，利西马科斯有次在叙利亚狩猎遇到一头巨大的狮子，经过一番拼杀，利西马科斯虽然伤痕累累，但他还是成功杀死了狮子。还有一个故事，讲的是利西马科斯无意中惹怒了亚历山大大帝，亚历山大大帝下令将利西

利西马科斯在位期间发行的货币，上面的人物头像为利西马科斯

马科斯处死。处死的方式极其残忍，是把他扔到狮子的洞穴里。当时盛行这种行刑方式。据说这样做可以达到两个目的：一是可以惩罚犯人；二是对狮子有益。因为给狮子投食活人，可以激发狮子的本性，让它更加残暴，这样的狮子才更具价值。然而，在惩罚利西马科斯时，这两个目的都没能达成。被投入洞穴后，利西马科斯立即对狮子发起攻击。尽管他没有兵器，但他还是成功地杀死了狮子。亚历山大大帝非常钦佩利西马科斯身处绝境时爆发出来的力量，于是赦免了他，让他官复原职。

利西马科斯一直追随亚历山大大帝，直到亚历山大大帝驾崩、几位将领瓜分完帝国。利西马科斯占据了马其顿东部的色雷斯。因此，利西马科斯也是色雷斯国王。利西马科斯娶的好几任妻子都给他招来不少麻烦。利西马科斯的第二任妻子是一位来自西西里岛的公主，她叫阿玛斯特里斯。嫁给利西马科斯时，阿玛斯特里斯是个寡妇，还带着两个孩子。利西马科斯娶了阿玛斯特里斯不久就与她断绝了关系。无奈之下，阿玛斯特里斯带着孩子回到西西里岛的一个城邦。当时，孩子尚未成年，因此，阿玛斯特里斯一直以孩子的名义执政。后来，两个孩子与阿玛斯特里斯发生冲突，为了夺权他们竟然将阿玛斯特里斯溺毙。利西马科斯觉得心中有愧，认为是

第九章 利西马科斯家族

自己导致了阿玛斯特里斯的死亡。为了替阿玛斯特里斯报仇,利西马科斯出兵西西里岛,占领了那座城邦,抓了阿玛斯特里斯的两个儿子,并将他们处死。

抛弃阿玛斯特里斯后,利西马科斯又娶了阿尔西诺埃二世。阿尔西诺埃是位埃及公主,她是托勒密一世的女儿,而托勒密是当时的埃及法老拉古斯的儿子。不知道是因为阿尔西诺埃太有魅力,还是因为阿玛斯特里斯脾气差、品行坏,总之,利西马科斯抛弃了阿玛斯特里斯,娶了阿尔西诺埃。

阿尔西诺埃二世

利西马科斯非常希望享受到家庭平静与和睦带来的欢乐，但娶了阿尔西诺埃后，他就再也没有享受过家庭的温暖。托勒密家族成员长期不和。阿尔西诺埃嫁给利西马科斯之后，两国又缔结了一桩婚约。从此，托勒密家族的不和转到利西马科斯的家族中，并给利西马科斯家族造成致命的打击。

　　事情是这样的：托勒密一世的第一任妻子是安提帕特的女儿欧律狄刻。当欧律狄刻随托勒密前往埃及时，欧律狄刻还带了贝勒尼基一世。贝勒尼基一世是一位年轻漂亮的寡妇。当时，欧律狄刻想带着贝勒尼基一世可以做伴，但她没想到，贝勒尼基一世获得了托勒密的宠爱，最后，托勒密一世竟然娶了贝勒尼基一世。从此，欧律狄刻和贝勒尼基一世成了仇敌。而利西马科斯娶的正是贝勒尼基一世的女儿。此外，贝勒尼基一世还有一个儿子，叫托勒密。托勒密一世驾崩之后，他们的儿子托勒密继承了王位。他就是历史上著名的托勒密·费拉德尔普斯，也就是托勒密二世，托勒密王朝的第二任法老。

　　贝勒尼基一世和欧律狄刻分属托勒密王室两大家族，关系非常敏感。欧律狄刻这一支是托勒密王室的另一分支。欧律狄刻也有一双儿女，儿子叫托勒密·塞劳努斯，女儿叫吕珊德拉。曾经，贝勒尼基一世和欧律狄

右图为贝勒尼基一世

左图为托勒密二世

刻是非常要好的朋友，但现在成为仇敌，并且各自有拥护者和追随者。多年来，双方一直想削弱、消灭对方，不断地相互诋毁、陷害、争吵。利西马科斯娶的是贝勒尼基一世的女儿。因此人们觉得，贝勒尼基一世所属分支会对利西马科斯政权产生比较大的影响。但后来，两家族之间又缔结一桩婚约。利西马科斯的儿子阿加索克利斯娶了欧律狄刻的女儿利桑德拉。从此，家庭关系更加复杂了。作为国王利西马科斯的妻子，阿尔西诺埃代表母亲贝勒尼基一世这一分支，而利桑德拉作为国王的儿媳，代表着欧律狄刻这一支。贝勒尼基一世和欧律狄刻之间的仇恨转到阿尔西诺埃和利桑德拉身上。阿尔西诺埃和利桑德拉长期不和，她们都想灭掉对方，这使利西马科斯非常困扰。

在阿尔西诺埃和利桑德拉的较量中，阿尔西诺埃必然占上风。因为阿尔西诺埃是王后，而利桑德拉只是国王的儿媳。但利桑德拉的地位很高，影响力也非常大，这是因为阿加索克利斯为利西马科斯开疆拓土，屡建战功，深受百姓的尊敬和喜爱。不管是城中百姓还是军中将领都看好他，认为他是国家的希望和骄傲。

阿加索克利斯响亮的名声势必会激起阿尔西诺埃的恨意。阿尔西诺埃和利桑德拉本是同父异母的姐妹，但她们母亲之间的仇恨注定了她俩生来就是敌人。阿尔西诺埃想方设法削弱阿加索克利斯的影响力,每一次都被阿加索克利斯小心避开了。后来,阿尔西诺埃撺掇利西马科斯,让他觉得阿加索克利斯要篡位夺权。真相不得而知,重点是,利西马科斯相信了。他下令逮捕阿加索克里斯,将他捉拿入狱,随后又下令将其毒死。利桑德拉得知此事既愤怒又伤心。她非常担心自己以及孩子和哥哥的安危。此时,哥哥托勒密·塞劳努斯正好陪在她身边。马其顿已经不是安全之所,于是,利桑德拉带着孩子和哥哥以及一些忠仆开始逃亡。他们一直逃到亚洲,得到了叙利亚国王塞琉古一世的庇护。

塞琉古一世也曾追随过亚历山大大帝,他是除了利西马科斯外,当时还活着的唯一一位大将。塞琉古也上了年纪,大概有七十五岁左右。一般来说,人到了这个年纪就会放下从前的恩怨纠葛安度晚年。但事实正好相反,塞琉古非常欢迎利桑德拉来到自己身边,这样他就有仗可打了。利桑德拉到达叙利亚不久,马其顿许多贵族和首领紧随其后也来到叙利亚。因为,此时,利西马科斯采取了极端措施将这些人赶出了马其顿。这些人聚集在塞琉古一世的朝堂上,在利桑德拉和托勒密·塞劳努斯面前,谋划进军马其顿,他们发誓要为阿加索克利斯报仇雪恨。很快，塞琉古一世就同意了计划，他正式向马其顿宣战。

利西马科斯没有坐以待毙，他很快集结军队，并率军穿过达达尼尔海峡，进入小亚细亚，迎战塞琉古一世。两军在佛里吉亚交战。经过激烈的战斗，利西马科斯战败被杀。

利西马科斯死后，塞琉古一世率军穿过达达尼尔海峡，进军马其顿。他准备将占领包括色雷斯在内的各个王国。在此过程中，托勒密·塞劳努斯一直同行。读者们应该还记得，托勒密·塞劳努斯是埃及法老托勒密一世的儿子，他的母亲是欧律狄刻。从表面上看来，托勒密·塞劳努斯并没有权利当马其顿国王。但他的母亲欧律狄刻是安提帕特的女儿。而在亚历山大大帝驾崩后，安提帕特曾在马其顿摄政多年。因此，安提帕特在马其顿的名声非常好。直到现在，马其顿的百姓还是很敬重安提帕特。因此，托勒密·塞劳努斯认为，安提帕特是亚历山大大帝的继承人，而自己是安提帕特的孙子和继承人，那么他比任何人都有权登上马其顿的王位。

此前，托勒密·塞劳努斯在马其顿生活过一段时间，他当时住在利西马科斯宫中。托勒密·塞劳努斯性格比较鲁莽，行事冲动。当初，托勒密·塞劳努斯与托勒密

塞琉古一世的头部雕像

二世的族人发生口角时，他因无法忍受父亲对贝勒尼基一世及其孩子的偏爱，一气之下离开埃及去了马其顿。实际上，托勒密一世让贝勒尼基一世的孩子继承法老位置的重要原因就是托勒密·塞劳努斯的脾气过于暴躁。不论实际情况如何，总之，托勒密·塞劳努斯与父亲争吵后，就去马其顿投奔妹妹利桑德拉了。托勒密·塞劳努斯到马其顿之后，参与了马其顿王国的很多事务。阿加索克利斯被毒杀后，托勒密·塞劳努斯跟着妹妹投奔塞琉古一世。托勒密·塞劳努斯以为塞琉古一世是自己的盟友。于是，在塞琉古一世向利西马科斯宣战时，托勒密·塞劳努斯错把自己当成此行的指挥官，错把此次行动的目的想成帮自己夺取马其顿的王位。

塞琉古一世的想法截然不同。他从来没有想过要为托勒密·塞劳努斯的利益而战。他的目的只有一个，就是开拓疆土。至于托勒密·塞劳努斯，塞琉古一世只是把他当成一个追随者、帮手，从来没把他当成重要人物。托勒密·塞劳努斯得知塞琉古一世的想法后，认为塞琉古一世在无耻地利用自己，于是他决定找机会杀了塞琉古一世。

塞琉古一世没想过托勒密·塞劳努斯会对自己起杀心，因此，对他没有丝毫的防范。于是就率军进入了色雷斯。后来，塞琉古一世到达一个小镇，当地的百姓告诉他，这个小镇名叫阿尔戈斯。听到这个名字，塞琉古一世变得非常紧张。原来多年前，塞琉古一世曾收到神谕，警告他要小心提防阿尔戈斯，因为命中注定他在阿尔戈斯会有危险。之前，塞琉古一世一直以为阿尔戈斯指的是希腊的阿尔戈斯城，但他从来不知道色雷斯也有一个地方叫阿尔戈斯。如果知道，他一定会避开这里。现在，塞琉古一听到阿尔戈斯这个名字就觉得有坏事要发生，于是他立即下令撤退。但还没等他行动，厄运就降临了。托勒密·塞劳努斯悄悄走到年老的塞琉古一世身后，用匕首刺向塞琉古一世。很快，塞琉古一世就倒地身亡。

托勒密·塞劳努斯立即组织了一批人赶往马其顿。在那里，托勒密·塞劳努斯为自己加冕，自立为王。这时，托勒密·塞劳努斯发现，马其顿的政权已分为多个派别，每个派别都有自己的主张。托勒密·塞劳努斯没有处理这些党派纷争，而是尽力拉拢安提帕特的旧友故交，并不断宣称自己是安提帕特的孙子和继承人。此外，托勒密·塞劳努斯还不断安抚利西马科斯的拥护者，宣称自己已经为利西马科斯报仇了。某种程度上，托勒密·塞劳努斯的这一说法是对的，塞琉古一世杀了利西马科斯，而他又杀了塞琉古一世。托勒密·塞劳努斯的说法虽然合情合理，但他偏偏是靠武力稳固自己的统治，使他看起来像是用武力征服马其顿，而不是顺应民意继承王位。

　　托勒密·塞劳努斯很快就树敌无数，其中最主要的三位对手是安条克一世、安提柯一世和皮洛士。安太阿卡斯是塞琉古一世的儿子，他认为父亲攻下马其顿，拥有马其顿的统治权。托勒密·塞劳努斯杀死了塞琉古一世，但他无权统治马其顿。安太阿卡斯作为塞琉古一世

安条克一世

第九章 利西马科斯家族

的儿子，他有权夺回父亲打下的江山。安提柯一世是德米特里厄斯的儿子。在利西马科斯进攻马其顿之前，马其顿一直处于德米特里厄斯的统治之下。安提柯一世认为，德米特里厄斯是继安提帕特之后世人公认的君王，自己作为德米特里厄斯的继承人，有权统治马其顿。皮洛士也宣称自己拥有继承权，因为在利西马科斯统治马其顿之前，皮洛士已经征服了马其顿。利西马科斯既然已经驾崩，那么皮洛士有权收回马其顿。总之，这四个人都想当国王，要么宣称自己有合法继承权，要么强调自己曾征服过马其顿。他们的争执太激烈了，一时之间谁也说不好究竟让谁登上王位。最后，只能看谁的实力最强。

托勒密·塞劳努斯最先对抗的是安提柯一世的进攻。安提柯一世率海、陆两军同时进攻马其顿。经过激烈的战斗，安提柯一世的军队双线败落。托勒密·塞劳努斯获胜，他的地位也通过此次战斗得以巩固和提高。紧接着，在继承马其顿国王王位后，托勒密·塞劳努斯分别与其他两方缔结了和平协定。托勒密·塞劳努斯答应皮洛士，只要皮洛士不再插手马其顿事务，他愿意提供五千步兵、四千匹战马以及五十头大象支援皮洛士在西西里岛和意大利的战事。

这样一来，托勒密·塞劳努斯只有一件事情还没有解决——利西马科斯的妻子阿尔西诺埃还活着。读者们应该还记得，阿尔西诺埃是利桑德拉同父异母的姐妹，正是她的嫉妒才导致阿加索克利斯惨死和利桑德拉的逃亡，也正是利桑德拉的逃亡引发了塞琉古一世的出征和后来的一系列事件。利西马科斯死后，阿尔西诺埃没有立即向新政权投降，而是带着儿子，也就是色雷斯王国的继承人，逃到了一个经济富裕、防御工事坚固的小城卡桑德拉。阿尔西诺埃很清楚，她已经没有办法扶植儿子登上王位了，但她不能向敌人投降，她应该守住卡桑德拉城，直到国家形势转变。当然，托勒密·塞劳努斯也认为，阿尔西诺埃是一个强劲、危险的敌人。战胜安提柯一世、与皮洛士和安太阿卡斯和解之后，托勒密·塞劳努斯立即向卡桑德拉进军。在路上，托勒密·塞劳努斯一直在思考拿下阿尔西诺埃和她儿子的办法。

最终，托勒密·塞劳努斯决定，在使用武力之前，他要先用诡计骗阿尔西诺埃一下。托勒密·塞劳努斯派人送信给阿尔西诺埃，说与其彼此争夺，不如团结起来。托勒密·塞劳努斯提议阿尔西诺埃嫁给自己。托勒密·塞劳努斯还说，他愿意娶她，愿意将她的儿子视如己出。这样一来，所有的问题都迎刃而解。

第九章 利西马科斯家族

阿尔西诺埃接受了托勒密·塞劳努斯的建议。阿尔西诺埃虽然是利桑德拉同父异母的妹妹。但当时阿尔西诺埃是可以嫁给托勒密·塞劳努斯的。接受建议后，阿尔西诺埃打开了城门。托勒密·塞劳努斯进城之后立即杀了阿尔西诺埃的两个儿子，而阿尔西诺埃趁机逃走了。实际上，很有可能是托勒密·塞劳努斯故意放走了阿尔西诺埃，毕竟她的儿子已经死了，她手中没有了威胁王权的筹码，这时候就没有必要对她赶尽杀绝了。如果她真被杀了，反而会给托勒密·塞劳努斯招来麻烦。总之，阿尔西诺埃逃走了。最终，经过艰苦跋涉，她回到了亚历山大港。

阿尔西诺埃逃走后，托勒密·塞劳努斯很满足。目标已经达成，他也彻底拥有国家的统治权。托勒密·塞劳努斯给埃及的托勒密·费拉德尔普斯写了一封信。读者们应该还记得，埃及法老托勒密一世特别宠爱自己的妻子贝勒尼基一世，因此将法老之位传给了贝勒尼基一世的儿子托勒密·费拉德尔普斯。托勒密·塞劳努斯在信中提到，他允许托勒密·费拉德尔普斯继承埃及法老的位置，因为他自己在马其顿得到了一个更好的王国。紧接着，托勒密·塞劳努斯兢兢业业进行建设，他革新政治机构、招募新兵、修缮城池。做完这些之后，托勒密·

塞劳努斯认为从此可以高枕无忧了。但，他的美梦很快就破碎了。

多瑙河边有一个半开化的民族——高卢人。他们由几个部落组成，他们居住地点在现在的法国。他们用自己的族名给国王命名。高卢人主要在马其顿和色雷斯北部的多瑙河沿岸活动，他们在那征兵、练兵，势力不断壮大。托勒密·塞劳努斯一直没有留意高卢人。突然有一天，一位高卢代表团出现在马其顿，他们告诉托勒密·塞劳努斯，他们准备进攻马其顿，他们此次前来是想问托勒密·塞劳努斯愿意出多少钱来换取马其顿的和平。当时，托勒密·塞劳努斯正为自己的成就沾沾自喜，于是他对高卢人嗤之以鼻。他让使者回去转告他们的首领：“我托勒密·塞劳努斯不屑于求取和平，我建议你们即刻回去，乖乖把你们的高级将领送来当人质，否则，我让你们永无宁日。”可以想象，这种对话之后，双方自然会立即开战。

托勒密·塞劳努斯集结了马其顿所有兵力北上迎敌。自此，两军开战。托勒密·塞劳努斯亲自带兵，他骑着大象冲向战场。在战斗过程中，托勒密·塞劳努斯不小心受伤了。因为他骑的大象受伤了，大象不受控制，将托勒密·塞劳努斯摔倒在地上。此时，高卢人立即将他

一尊高卢人的雕像

擒获，并毫不犹豫地将他的头颅砍下，用长矛挑着他的头颅在战场穿行，庆贺战斗胜利。这一场景吓坏了场上的马其顿人，军中大乱，将士四下逃散。高卢人取得了胜利。

　　托勒密·塞劳努斯的驾崩预示着新一轮夺权大战即将开始，马其顿再次陷入混乱。同时，高卢人在马其顿北部进行了更大规模的破坏活动。在夺权大战中，安提柯一世最终险胜，成功登上马其顿王位。听到马其顿的情况后，皮洛士认为自己比安提柯一世更有资格登上马其顿王位，于是按耐不住，打算立即对安提柯一世发起进攻。

再次征战马其顿

精彩看点

皮洛士的致命弱点——变化无常——后果——皮洛士缺乏恒心的例子——出兵马其顿的其他理由——皮洛士开局很成功——马其顿百姓有投诚意愿——峡谷间的战斗——方阵部队的描述——所向披靡——象军——作战顺序——象军惨败——方阵部队——皮洛士说服敌人加入自己的队伍——皮洛士获胜——占领马其顿——皮洛士改派高卢人守卫几座小城——人们的抱怨——皮洛士毫不关心——皮洛士接到意外邀约

皮洛士的性格有很大的弱点，他做事完全不会事先规划，全凭感觉。也就是说，他做事只听从本能召唤，不会事先制定计划，更不会根据实际情况随机应变。这样的性格导致他不是朝着战斗目标努力，而是一味地冒险，一味地追求战场拼杀带来的快感。因此，皮洛士尽管能力超群，但没能成就令人瞻仰的伟大事业。皮洛士每次行动都是临时决定的，他向来追求速战速决，一旦战局开始僵化，双方进入持久战，需要比拼耐力时，皮洛士总是抛下大部队仓皇逃走。皮洛士代表这样一类人——天赋极高，终其一生都奋勇杀敌，但因缺乏明确的目标，最终一事无成。人们可以看到他们身上的潜力，却看不到他们取得实际成果。

所以我们看到，这样的性格使皮洛士不停地转移战场。每到一个国家，皮洛士都能取得重大胜利。在集结兵马、远征行军、安营扎寨、陈兵布阵的过程中，尤其是实战中，皮洛士都表现出不屈不挠的精神和无与伦比的军事指挥才能。但每当战役取得一点儿胜利，正需要冷静、慎重地制定长远计划时，皮洛士就茫然失措了。这个时候，只要有人向他求援，皮洛士就一定会毫不犹豫地离开，去下一个地方参加新的战斗。读者会发现，皮洛士的战场从马其顿转到意大利，又从意大利转到西西里岛，然后又从西西里岛回到意大利，最后返回马其顿。他只享受战场上拼杀带来的快感，却从未取得实实在在的成就。

在返回伊庇鲁斯的路上，皮洛士得知马其顿局势混乱，安提柯一世的政权还不稳固，皮洛士立即决定再次攻打马其顿。但皮洛士并不想夺取政权，他只想趁马其顿防御工事脆弱时，入侵马其顿掠夺财物。因为当初托勒密·塞劳努斯答应支援皮洛士在意大利和西西里岛的战事。然而，后来，皮洛士需要支援的时候，安提柯一世却拒绝帮忙。因此，皮洛士觉得，他应该去马其顿进行掠夺。

此外，皮洛士出兵马其顿还有一个原因。皮洛士从意大利撤退时，带着一支部队。这支部队虽然人数不多，大概几千人，但还是需要不少粮草和其他开销。当初皮

第十章 再次征战马其顿

洛士准备的物资很充足,但经意大利一战,所剩无几。因此,皮洛士认为,有必要发起战争来扩充兵力、补充物资。经过考虑,皮洛士决定袭击马其顿。

高卢内部因政见不同形成了两个派别。趁高卢人内战之际,皮洛士招了一批高卢人加入自己的队伍。安提柯一世也将一部分高卢人收为己用。准备完毕,皮洛士率军向马其顿开进,很快他就越过了马其顿边境。

和往常一样,战争一开始,皮洛士就不断取胜。随着战事的推进,皮洛士连续攻下数个城池。慢慢地,皮洛士的目标变了,他不再满足于掠夺财物。他还想彻底打败安提柯一世,攻下马其顿。多年前的那场战事让皮洛士在马其顿名声大振。此外,统治马其顿期间,皮洛士还深受百姓爱戴。百姓总是拿他和亚历山大大帝作比较,人们认为无论是从外貌气质和行事风格上看,皮洛士都很像亚历山大大帝。两人都英勇无比、慷慨大方。如今再次进入马其顿,皮洛士发现百姓依旧很敬重他。城里的几支守卫部队都加入了他的队伍。安提柯一世派了士兵视察敌情,结果士兵不但没向皮洛士开战,反而加入了皮洛士的队伍。总之,皮洛士发现,出兵马其顿已不再是简单抢掠行为了,而是一次公开的入侵行动。简言之,皮洛士目前的任务就是与安提柯一世决一死战,并取得胜利。

皮洛士的兵力不断增强，实力得到了巩固。于是，皮洛士继续前进。安提柯一世好像在寻找有利的作战地点，一直率军不断撤退。据史学家记载，皮洛士很快在一个狭窄的山谷里追上了安提柯一世。从当时参战的人数以及战事的激烈程度看，峡谷的底部地势比较开阔。

安提柯一世的主力军是方阵部队。方阵部队是当时一种最特殊的兵种。这一兵种由亚历山大大帝的父亲腓力二世创建。即使不是腓力二世创建，也是由腓力二世改编过。单个方阵由四千名士兵组成，士兵的站位非常紧凑，整个方阵分为十六排，每排二百五十人。每名士兵都身佩短剑，手持盾牌。这个方阵的最大杀伤力来自士兵手中的巨型长矛。长矛大概六百三十厘米至七百二十厘米长。长矛的手柄很细，但很结实。长矛的另一端是钢制的。在作战过程中，士兵紧握长矛，直指敌人。矛很长，而且士兵之间的距离又很近，导致第五排士兵举的矛超过第一排士兵十几厘米。也就是说，第一排士兵能看到五把纵横交错、指向不同的铁矛的尖，队伍后方的士兵则会把矛放在前一排士兵的肩膀上，让矛尖指向上方。

方阵部队中，每个士兵都有大型长矛防护。一旦方

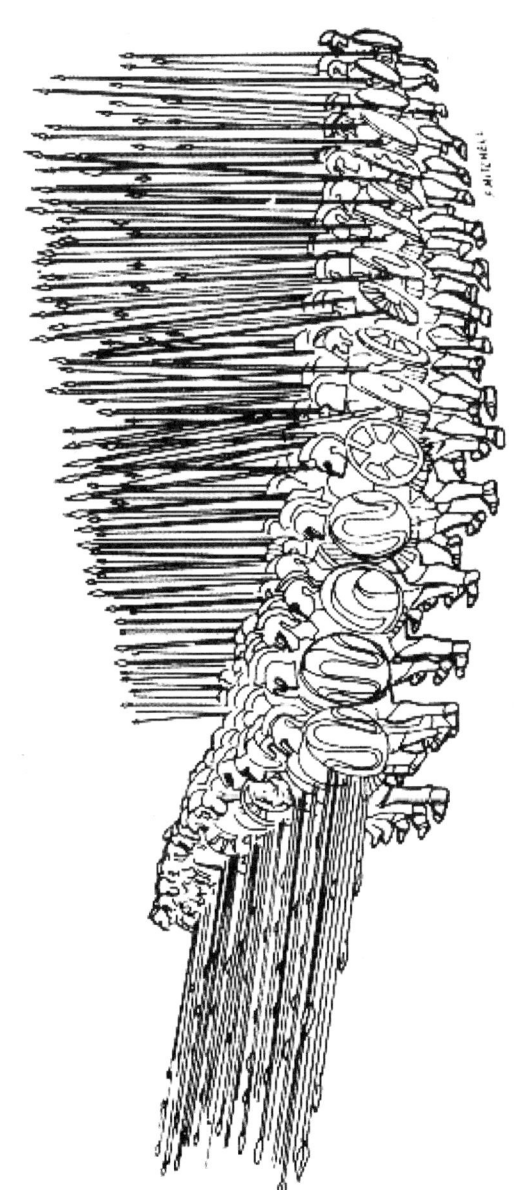

马其顿的方阵部队

阵形成，其防御力是坚不可摧的。钢制矛尖在阳光下闪闪发光，远远看去就像是鱼鳞。方阵部队在平地上移动时，就类似豪猪般的巨型怪兽，让人无法靠近，更无法将其杀死。士兵手持盾牌，能够挡住任意方向的投射物。那些远处射来的飞镖、箭、标枪及其他武器都伤不到方阵里的士兵。即使是骑兵也无法攻破像铁蒺藜一样的部队。无论对方的攻势多强烈，结果都是不计其数的长矛刺到进攻者。

组建和指挥方阵部队都需要经过专业的训练。马其顿方阵部队的体系已经非常完备。一时之间，马其顿军中的高卢人还无法参与其中。于是，安提柯一世令高卢将领率领高卢军单独作战。在撤退过程中，安提柯一世的兵力分成两部分：方阵部队在前方，高卢人的部队在队伍最后方。因此，皮洛士率军追到峡谷时，最先遇到的是高卢人。由于双方人数过多，整个峡谷被挤满了。

安提柯一世的军中还有大象。象群夹在方阵部队和高卢人中间。因此，皮洛士从后面追赶安提柯一世的话，他会依次遇到高卢人、象群、方阵部队。

皮洛士率军向高卢人发起猛烈的进攻。高卢人进行了顽强的抵抗，但还是被打得落花流水。紧接着，皮洛士进攻象群。击败了高卢人后，皮洛士的军队，士气大振，

第十章 再次征战马其顿

他们想乘胜追击。很快,他们包围了象群。象群的指挥者纷纷投降。最后,皮洛士追上方阵部队。方阵部队迅速调转方向迎战。此时,皮洛士命将士们在方阵部队前方站定。双方都在等对方先动手。这时,皮洛士骑着战马走出队伍观察方阵部队。皮洛士突然发现方阵部队中有很多熟悉的面孔。原来,多年前,皮洛士参加过马其顿的不少战事,他与方阵部队中的一些将领曾经共事。于是,皮洛士喊出他们的名字,向他们打招呼。马其顿的将领非常吃惊,他们没想到像皮洛士这样的大将竟记得自己的名字。接着,皮洛士劝这些将领们离开安提柯一世,因为安提柯一世根本没有继承权。皮洛士说自己才是合适的继承人,并鼓动这些将领跟自己一起打败安提柯一世。皮洛士的话很有用,那些将领很快就全部归顺皮洛士。

很快,皮洛士占领了马其顿。但安提柯一世并没有放弃。他撤到马其顿的海岸线,并占领了几个小镇,但他已经丧失了马其顿国王的权力。很快,皮洛士派兵镇压了几个反抗的城邦。镇压成功后,皮洛士派高卢人负责驻守那些城邦。

战争结束后,马其顿百废待举、百业待兴。但了解皮洛士的人都知道,皮洛士根本不会处理国事。面对繁杂的政务，他一片混乱。他只会领兵作战，至于如何稳固政权，守护胜利果实，皮洛士一窍不通。

皮洛士本该用手中的权力巩固统治，从而建立一个持久稳固的政权。但皮洛士十分懈怠，他根本不理会朝堂政务。很快，马其顿的百姓开始不满。皮洛士派高卢人驻守攻打下来的城池，然而高卢人肆意妄为，压榨百姓。人们怨声载道，无奈之下，百姓向皮洛士求助。但皮洛士不管不顾。在皮洛士看来，带兵打仗是人生乐事，而处理纠纷、倾听民意则是折磨。

我们不清楚，皮洛士会如何处理马其顿的内部矛盾，也无法想像经他治理的马其顿会成什么样子。因为，在皮洛士即将接管政务时，发生了一件事帮他从尴尬的处境中解脱了出来。这次的情况和往常相似，皮洛士接到一个邀约，请他再次出兵。不难想象，皮洛士迫不及待接受了邀请。事情的经过我们会在下一章详述。

第十一章

斯巴达

精彩看点

斯巴达——斯巴达城的概况——斯巴达国王——德尔菲神谕——困境——两支王室血脉——两头政治——不和——莱克尔加斯——克莱尔加斯的家族——父亲去世——克莱尔加斯登上王位——残忍的提议——对婴孩的安排——克莱尔加斯的慷慨之举——斯巴达面临各种困境——王后的怨恨——克莱尔加斯决定离开斯巴达——克莱尔加斯离开斯巴达后的经历——查瑞劳斯的性格——他不称职——百姓的抱怨——克莱尔加斯受邀返回斯巴达——克莱尔加斯最终答应回斯巴达——克莱尔加斯求德尔菲神谕——神谕——查瑞劳斯受惊——他逃到一处神殿——克莱尔加斯建立的机构的类型和影响——斯巴达人的性格特征和精神品质——给皮洛士送信——关于克利奥尼穆斯的描述——阿利乌斯称王——克利奥尼穆斯与切力多尼斯的婚姻——请求皮洛士——皮洛士决定率军前往希腊

皮洛士收到的参战邀请来自斯巴达。斯巴达是伯罗奔尼撒半岛的一个重要城邦。这个城邦经济实力雄厚，百姓尚武。城邦的政权组织形式极为特殊。斯巴达王权分离，由两个国王联合执政。这样的形式很像罗马的两个执政官的形式。但不同之处在于罗马执政官是推选出来的，而斯巴达的两个国王是世袭而来的。

斯巴达的政权组织形式是这样形成的：很久以前，斯巴达国王意外驾崩，留下一对双胞胎儿子，但国王没有指定由哪个儿子继承王位。于是，斯巴达人问孩子的母亲哪一个孩子先出生，但孩子的母亲假装无法分辨。于是，斯巴达人去德尔菲求问神谕。神谕指示两个孩子都要称王，但要斯巴达人更加尊敬先出生的孩子。神谕没消除斯巴达人困惑。最终，斯巴达人还是没分清哪个孩子先出生的，因此也不知怎么办。

后来，有人建议观察孩子的母亲，看她最关照哪个孩子。人们猜想，如果孩子的母亲知道谁是先出生的孩子，那么在日常生活中肯定会先照顾大的那一个。斯巴达人猜得没错，因此，他们很快就分清了谁是先出生的那一个。于是，斯巴达人按照神谕的指示，让两个孩子一起继位，但把最高荣誉给了年长的国王。两个孩子都健康长大。步入成年后，他们先后娶妻。凑巧的是，兄弟俩娶的妻子也是一对双胞胎。因此，两个王室家族联合执政的局面持续了很多年。斯巴达的政治体系虽是君主制，但却有两个国王，也就是所谓的"两头政治"。

这种形式貌似很完美，但在处理现实问题时却显得不尽如人意，因为这种形式会导致问题频发、矛盾激化。在两百年里，斯巴达王国混乱不堪。就在这时，著名的政治家和立法者克莱尔加斯出现了。克莱尔加斯为斯巴达制定了一系列成效显著的法律和规章制度。这些法律和规章制度不仅恢复了斯巴达的秩序，还使这里的经济更加繁荣，从而让斯巴达名声远播。

克莱尔加斯的措施效果显著，不仅是因为举措本身有力，还因为克莱尔加斯有能力让措施迅速落到实处。克莱尔加斯的身份为开展工作提供了便利。克莱尔加斯是王室成员，他是斯巴达某个国王的小儿子，他有一个哥哥叫波吕德克忒斯。他们的父亲在一次打斗中意外身亡。其实，他父亲并没有参与打斗，而是在劝架过程中卷入打斗被菜刀误伤而亡。

波吕德克忒斯继承了王位。不幸的是，波吕德克忒斯很快就驾崩了，他没有子嗣，只留下一位妻子。波吕德克忒斯驾崩后八个月，妻子诞下一个孩子。按照当时的继承原则，这个孩子有继承权。

问题在于，波吕德克忒斯驾崩时，孩子尚未出生。在这种情况下，克莱尔加斯只能暂时继承王位。克莱尔

克莱尔加斯的画像

加斯打算等孩子出生，他就立即将王位奉还。但波吕德克忒斯的遗孀认定克莱尔加斯想一直把持王权。其实是她自己野心大，她一心想做王后。因此她向克莱尔加斯提议提出了一个惨无人道的建议——只要克莱尔加斯答应娶她，允许她分享国家权力，她愿意杀了肚子里的孩子。听到这样的建议，克莱尔加斯非常吃惊，但他还是假装接受了这个建议。克莱尔加斯告诉她，为保证安全，这件事不能由她亲自动手。于是克莱尔加斯告诉她："先等一等，等你生下孩子就立即通知我，剩下的事情就交给我来办。"

克莱尔加斯特意交代："孩子一出生就赶紧来通知我，如果是男孩，那么不管我身在何处、忙于何事，你们都要立即把孩子抱过来。如果是女孩，就让王后好生照看着。"后来，孩子出生，是个男孩。仆人立即将孩子抱到克莱尔加斯身边。这位残忍的母亲为了得到权力，知道仆人抱走孩子是要将他处决，竟然同意了。但克莱尔加斯没有让她如愿。

仆人把孩子抱给克莱尔加斯的时候，克莱尔加斯正好邀请了许多朋友庆贺佳节。他的朋友都是贵族、将军、大臣以及其他一些王国的重要人员。这些人是克莱尔加斯特意请来的。克莱尔加斯曾特意嘱咐，无论他身处何

第十一章 斯巴达

地,只要孩子一出生,仆人必须立即把孩子抱到他身边。仆人带着孩子来到克莱尔加斯和朋友聚会的地方。克莱尔加斯接过孩子,将孩子高高举起,对着众人大声说:"各位,请看,这就是我们斯巴达的新国王。"众人一听,纷纷激动地欢呼。克莱尔加斯给孩子取名查瑞劳斯。这个名字是"万民欢腾"的意思。

克莱尔加斯的举动都显现出他的高贵人格。他亲自把孩子带到众人面前,承认孩子是真正的王位继承人,然后将手中的权力全部交出去,自降为平民。从古至今,没有哪个王子能做到这般。尽管他是王子,但却愿意降为平民,这样的举动让他得到无数赞誉。克莱尔加斯还派人保护新任国王,同时命其他人在国王成年之前摄政。斯巴达的百姓都为克莱尔加斯的举动拍手叫好,他们更加尊敬克莱尔加斯了。

然而,在成就伟业之前,克莱尔加斯注定要历经磨难。斯巴达的百姓大都非常钦佩克莱尔加斯,大家很信任他,但还是有人视他为眼中钉。王后很厌恶克莱尔加斯,因为他不仅毁了自己的大计,还拒绝娶自己,这让她的自尊心受到伤害。因此,王后和她的朋友一直暗中与克莱尔加斯作对。王后有个哥哥叫利奥尼达斯,他非常支持妹妹的夺权计划,他经常在公开场合与克莱尔加斯作对。一次，利奥尼达斯当着很多人的面对克莱尔加斯说："我很清楚，你表面上对王位不在意，但实际上，你对国王的关切以及对国事的安排都是假象。你的目的是毁了国王，然后自己登上王位。假以时日，你一定会登上王位，到时候，所有人都会看清你伪善和邪恶的真面目。"

面对利奥尼达斯的谴责，克莱尔加斯没有恼羞成怒地急着反驳，他进行了冷静地分析。克莱尔加斯想到，现在国王还小，但世事无常，万一哪一天国王意外驾崩，那么他的敌人一定会怀疑是自己秘密杀害了国王。为彻底消除他人的怀疑，不让敌人有可乘之机，克莱尔加斯立即决定离开斯巴达，直至国王成年。克莱尔加斯将年幼的国王托付给斯巴达的老臣照看，这样就不会再有人怀疑克莱尔加斯会和他们勾结。同时，克莱尔加斯还组建了一个新的机构，这个机构代国王行使权力，直至国王长大成人。安排妥当后，克莱尔加斯离开斯巴达，踏上漫长的旅途。

克莱尔加斯离开斯巴达多年，其间，他游历了世界上的很多国家和地区。每到一个地方，他都会钻研当地的历史、政治以及风俗。同时，他还会拜访当地的博学之士，并与他们沟通交流。克莱尔加斯首先去的是爱琴

第十一章 斯巴达

海南部的克里特岛，因为克里特岛的西部离伯罗奔尼撒半岛非常近。克莱尔加斯在岛上待了一段时间。参观完岛上的主要城邦并深入了解了它们的历史发展状况之后，克莱尔加斯动身前往小亚细亚参观那里的主要城市。之后，克莱尔加斯又从小亚细亚出发去埃及，他拜访了尼罗河沿岸的主要城市。紧接着，克莱尔加斯继续向西前进，穿过非洲北岸的各个国家，然后由非洲前往西班牙。克莱尔加斯每到一个国家都会停留许久，直到完全了解了当地的哲学、政治、文化、艺术以及社会风俗等等，这些都在一定程度上反映一个国家的发展水平。

游历期间的克莱尔加斯。图中居中而坐者为克莱尔加斯

203

克莱尔加斯在外游历时，斯巴达的政治形势变得越来越严峻。虽然王位继承人查瑞劳斯长大了，但他的统治却一度陷入僵局，这让他非常尴尬和困惑。查瑞劳斯性格儒雅，但缺乏国王应该有的杀伐决断。因此，他与另一位国王的分歧不断加深。同时，两位国王与拥护自己的贵族和百姓之间也频发矛盾。斯巴达的百姓不再敬重国王，甚至开始挑战国王的权威。在这种情况下，斯巴达的百姓开始怀念当初克莱尔加斯组建的政权组织，起码当时还能及时帮百姓解决各种难题。克莱尔加斯在位时，整个国家秩序井然。斯巴达的百姓无比怀念克莱尔加斯，他们认为他有远见、目标明确、意志坚定、公正无私、慷慨大方。对比现任国王，百姓更加希望克莱尔加斯返回斯巴达。

斯巴达的国王也期待克莱尔加斯回去，他们意识到政局不稳，因此非常不安。斯巴达国王和百姓先后多次向克莱尔加斯送信，希望克莱尔加斯返回斯巴达，但克莱尔加斯拒绝了他们的请求，继续游历。

最后，斯巴达人派使者找到克莱尔加斯，并向他陈明并分析斯巴达国内的情况及危险的处境，他们不停地请求克莱尔加斯回国。使者告诉克莱尔加斯，尽管斯巴达有两位国王，但百姓也仅仅只是知道国王存在，他们

第十一章 斯巴达

听过国王的名号，见过国王的王袍，但他们从未发现在国王身上看到克莱尔加斯身上那种王室气质。

最终克莱尔加斯答应了使者的请求。回到斯巴达之后，克莱尔加斯亲自了解了斯巴达的状况，他与城中最有名望的人进行了深入的交谈，并会见了自己的旧友故交。最后，克莱尔加斯拟定了一份计划。在征得城中大部分有名望的人的认可之后，正式将其颁布并实施。

为了让斯巴达的百姓听从指挥，克莱尔加斯采取的第一个举措借用了宗教的力量。克莱尔加斯离开斯巴达去德尔菲求问神谕。回到斯巴达之后，克莱尔加斯告诉斯巴达的百姓，神谕的原话是这样的：

> 克莱尔加斯是神之所爱，他本人已经成圣。他所制定的法律完美无缺，在这样的法律的作用下，必将有一个盛世强国崛起。

斯巴达的百姓听了神谕的内容，不觉对克莱尔加斯顶礼膜拜，他们纷纷奔走相告。然而，克莱尔加斯的目的不限于此。建立新的政权机构组织时，克莱尔加斯特地提前一个时辰带兵守在广场上。百姓们像往常一样走上街，他们发现克莱尔加斯已经率兵占领了整座城市。

当时，国王查瑞劳斯并不知道克莱尔加斯的计划，他还以为克莱尔加斯要起兵造反，他非常担心害怕。为了逃命，查瑞劳斯竟然躲到一个庙宇里。克莱尔加斯赶紧派人告诉国王，此次行动既不会威胁到他的生命安全，也不会威胁到王权。听完解释，查瑞劳斯终于冷静下来，并开始和克莱尔阿斯一起实施计划。

至于克莱尔加斯究竟建立了一个怎样的政府，以及建成了怎样的政权组织机构，我们在这里就不一一叙述了。但人们需要知道的是，克莱尔加斯为斯巴达建立了当时世界上最先进同时也是最严苛的政治体系。在这一体系下，斯巴达发展成为当时最强大的国家之一。斯巴达的百姓人人皆可参战。不管遇见什么困难和挫折，他们都能想办法让所有人安然度过，并且不分老幼、无论男女、不管贫富，都能平等对待。在斯巴达，人们崇尚勇敢和坚韧，提倡保持持久的忍耐力和对伤痛的承受力，人们普遍蔑视财富和奢侈的生活方式。克莱尔加斯并没有将这种政治体系以书面形式记录下来，他也不允许其他人记录。他只是把这一体系构建起来，然后任其发展。克莱尔加斯按计划组建了新政权，颁布了法律，帮斯巴达百姓重建了生活秩序、整顿了风俗。结束后，他决定离开斯巴达，等待这些措施生效。克莱尔加斯告诉斯巴达的百姓，他打算再次离开，并把新政权交给斯巴达百姓，他要求他们不得擅自修改这一体系，直到他再次返回斯巴达。其实，克莱尔加斯并没有计划返回斯巴达。

这就是斯巴达政治体系的起源和特点。在皮洛士所处的时代，斯巴达的政治体系已经运行了五百年了。期内，斯巴达发生了巨大变化，它经历了多次侵略与反侵略战争，历经磨难同时，它还要面对国内的发展难题。即便如此，斯巴达依旧保留着莱克尔加斯创立的政权组织机构的特点。斯巴达人威名远播，无论做什么，他们身上都能表现出一种不屈不挠、严肃坚忍的品质。

斯巴达人向皮洛士写信求援的是因为斯巴达王室内部有了纠纷。请求皮洛士出兵的是克利奥尼穆斯。他是斯巴达某个国王的小儿子，他有个哥哥是阿克罗塔图斯。父亲驾崩之后，王位该由阿克罗塔图斯继承，但阿克罗塔图斯早早过世了，留下一个儿了阿利乌斯。此时，阿利乌斯已步入中年，并育有一个儿子。阿利乌斯宣称他要继承王位。

克利奥尼穆斯不想让阿利乌斯继承王位。因为他是先王的儿子，而阿利乌斯只是先王的孙子，克利奥尼穆斯认为自己有优先继承权。但他的观点被驳回，阿利乌斯顺利登上王位。

继位后不久，阿利乌斯就将斯巴达交给儿子管理，而他自己离开斯巴达去了克里特岛。阿利乌斯的儿子也叫阿克罗塔图斯。克利奥尼穆斯一直对阿克罗塔图斯心怀不满，他处处针对阿克罗塔图斯。后来发生了很多事，在这里我们就不一一叙述了。但其中一件事彻底激怒了克利奥尼穆。事情是这样的：

克利奥尼穆斯虽然年事已高，但他娶了一个非常年轻的妻子切力多尼斯。切力多尼斯是一位公主，长得非常漂亮。可是，切力多尼斯一点儿都不爱自己的丈夫，她非常爱慕阿利乌斯的儿子阿克罗塔图斯，她最后甚至弃克利奥尼穆斯而去。这让克利奥尼穆斯既嫉妒又愤怒。于是，克利奥尼穆斯离开斯巴达。他找到皮洛士并向皮洛士说明情况，请皮洛士出兵伯罗奔尼撒半岛，帮他赶走篡位者，助他登上斯巴达王位。皮洛士立刻意识到这是一次很好的机会，于是立即决定抛下马其顿的事，向希腊进军。

第十二章

皮洛士的最后一次远征

精彩看点

皮洛士为远征做准备——皮洛士的计划——希腊人的恐慌——皮洛士的大军逼近斯巴达——使臣——皮洛士率军到达斯巴达——推迟进攻——斯巴达人的计划——先让城里的女人撤走——女人派代表前往元老院——恭迎克利奥尼穆斯——克利奥尼穆斯的妻子——斯巴达人决定第二天一早进攻皮洛士——挖壕沟——建防御土墙——妇女们参与——开始挖掘——斯巴达百姓忙了一夜——女人们帮忙——壕沟的效果——马车——皮洛士的儿子托勒密将马车移开——皮洛士的梦想——现实情况与梦境相反——皮洛士制定了另一个计划——战斗——斯巴达的女人们的角色——皮洛士指挥军队发起总攻——皮洛士的战马受伤——皮洛士陷入险境——大军撤退——阿克罗塔图斯和阿利乌斯——阿利乌斯率军援助——皮洛士接到新的邀请——阿尔戈斯——皮洛士离开斯巴达——前往阿尔戈斯——托勒密之死——伊瓦库斯——皮洛士复仇——皮洛士遇到敌军——计谋——带象进城——阿尔戈斯城的百姓惊慌失措——士兵们辨别不清——皮洛士等待天亮——铜像——古老的预言——皮洛士惶惶不安——皮洛士决定从阿尔戈斯城撤退——皮洛士发现城里拥堵——可怕的混乱——大象倒在城门口——皮洛士大惊——他摘掉羽毛——他被一块瓦片砸中——皮洛士之死——皮洛士的人物性格分析——结论

皮洛士接到克利奥尼穆斯的邀约，立即开始大规模备战。他把伊庇鲁斯和马其顿的兵力集结到一起。为了筹集军用物资，皮洛士向百姓征收各种赋税。此外，皮洛士还安排了其他各项准备工作。这些准备工作耗时耗力，等到万事俱备，一年过去了。最终，皮洛士集结了两万五千名步兵，两千匹战马及二十四头大象。当时，皮洛士的两个儿子托勒密和赫勒诺斯还小，他们还无法在皮洛士征战期间接管马其顿和伊庇鲁斯，因此皮洛士决定让他们随军同行。那个时候，皮洛士已经五十五岁了。

克利奥尼穆斯一直以为，皮洛士出征斯巴达的目的是协助自己将阿利乌斯赶下王位并扶植自己登上王位。但皮洛士却不是这么打算的。皮洛士的目的是以克利奥尼穆斯的名义进攻斯巴达，推翻国王的统治，占领斯巴达。皮洛士当然不会把这个计划告诉克利奥尼穆斯。

皮洛士国王

皮洛士的军事指挥才能世人皆知。现在,皮洛士率大军压境,斯巴达的百姓非常紧张。但他们没有惊慌失措,他们立即开始准备防御。斯巴达人甚至派出使者求见皮洛士,询问他此行的目的。皮洛士给了一个模棱两可的回复,他说自己针对的不是斯巴达,而是伯罗奔尼撒半岛的其他几个城市。皮洛士说这几个城市一直处在其他国家的控制之下,现在他是来帮他们驱逐他国势力的。但斯巴达人并没有相信皮洛士的话。皮洛士知道瞒不了多久,他这么说只是为了争取备战时间。

皮洛士执政末年发行的货币,上面的人物头像为皮洛士

第十二章 皮洛士的最后一次远征

皮洛士的大军不断向斯巴达开进，他在沿途不断攻占劫掠斯巴达境内的小城。斯巴达人再一次派出使臣，谴责皮洛士不遵守邦国间的契约，在没有宣战的情况下就开始行动。

皮洛士回复道："难道你们斯巴达人在行动之前会把作战计划告诉别人吗？"其实，这种回答间接承认出征目标就是斯巴达。使臣们意识到后，开始挑衅皮洛士。

使臣们说："想攻打斯巴达，尽管放马过来。不管你们是神还是人，我们都不怕。倘若你是神，那你就不会想伤害我们，因为我们之前从未冒犯过你；倘若你是人，那你绝对伤不了我们，因为我们斯巴达的将士足以将你们打得落花流水。"

然后，使臣们返回斯巴达，立即加紧备战。

皮洛士率军继续前行，傍晚时分终于到了斯巴达城下。克利奥尼穆斯非常了解自己的对手，因此不断催促皮洛士立即进攻，如果晚一天行动，城内的防御工事就会更加坚固，但皮洛士却想在第二天发起攻击。他相信自己一定可以攻下斯巴达，所以一点都不着急。其实，皮洛士不想在晚上进攻是因为晚上攻城士兵们一定会趁机抢掠战利品，这样战利品就不属于自己了。但，如果是白天作战的话，士兵们就会有所收敛，也更愿意听从指挥。因此,皮洛士决定安营扎寨,稍作休息,第二天一早再行动。

在皮洛士下令休整时,斯巴达城内则十分繁忙。斯巴达元老院内人头攒动,议员们正在紧急商议对策。众人一致决定让城中的妇女先撤离,以防第二天皮洛士率军攻城时她们遭遇灾难。人们打算让妇女悄悄地从斯巴达城的后门撤离,然后去岸边乘坐船只或战舰到不远处的克里特岛。这样一来,无论斯巴达的将士面临何种局面,他们的妻女都可以存活。很快,这一决定就传遍斯巴达城。然而,城里的妇女们坚决反对这一计划。她们信誓旦旦地说她们绝对不会在遇到这种险境时抛弃自己的父亲、丈夫和兄弟而苟活。这些妇女委托公主阿基达米娅将她们的想法转达给议员们。于是,阿基达米娅手里握着一支拔了鞘的剑,她勇敢地闯入了元老院打断议员们的讨论。她大声质问议员们:"你们怎么能想出这种办法呢?如果国破家亡,爱人尽失,我们独活又有何意义?"她还说:"我们不稀罕这种活法,要活就一起活,要死就一起死。让我们留下来为保家卫国献上一份力量吧!"元老院的人同意了阿基达米娅的请求,不再坚持送她们离开。于是,他们开始商议具体的防御策略。

在元老院里众人忙到焦头烂额的时候,斯巴达城中

第十二章 皮洛士的最后一次远征

的一个地方却是截然不同的景象。这个地方就是克利奥尼穆斯的宫殿。克利奥尼穆斯宫里的人都急切地盼望主人回城。他们相信，克利奥尼穆斯和皮洛士的大军当晚一定会发起进攻，而且一定会获胜。他们甚至想到，一旦主人占领了斯巴达，他就会第一时间带着盟友回宫。因此，克利奥尼穆斯的宫殿里显得十分繁忙，人们在抓紧时间收拾、装饰房间，他们甚至提前安排了各种娱乐节目，他们想到时候好好招待克利奥尼穆斯和他的朋友。

此时，年轻漂亮的切力多尼斯并不在克利奥尼穆斯的宫殿里。她很久以前就离开了，此刻，听到克利奥尼穆斯即将回城的消息后，切力多尼斯感到非常不安。她很清楚，如果克利奥尼穆斯攻下斯巴达城，那么她一定会落入克利奥尼穆斯的手中。她已经想好了，如果事情真的发展到那一步，她绝不苟活。她回到房间，在脖子上系了一根绳子，坐等攻城的消息。她想，一旦皮洛士顺利攻下城池，她就立即自尽。

与此同时，斯巴达的将领们也在加固防御工事，积极备战。而且，他们不想一直守在城里等待皮洛士进攻。斯巴达人本就英勇无畏，因此，在发现皮洛士并没有打算在夜里进攻时，他们决定第二天趁早主动开战。

斯巴达人十分勇猛。斯巴达城不同于希腊的其他城邦，斯巴达周围没有建造城墙等防御工事。因为斯巴达人守卫城邦依靠的不是堡垒和哨塔，而是力量和勇气。但斯巴达人也并不小看防御工事的重要性。此刻，趁着夜色，他们准备在敌军的必经之路上建防御墙。准备工作有条不紊地展开。当然，人们不会让军中将士做这份差事，因为他们第二天要战斗，必须保存体力。于是，城中的小孩、老人、妇女纷纷卷起袖子挖壕沟，建防御墙。读者们千万不要把体态优美、举止优雅、胆小脆弱等形容普通女性的词用到斯巴达妇女身上，这些斯巴达妇女从小就接受训练，她们不仅吃苦耐劳，而且极其勇敢。她们从小就被大人带着参加摔跤比赛及其他活动，所以能忍受辛劳，不屑无谓的礼教。因此，无论从外貌还是行为举止来看，斯巴达的女性都很像男人。正如阿基达米娅持剑进入元老院勇敢地站到议员们面前表达斯巴达女性不同意从城中撤离那样，这种举动才是在斯巴达妇女中常见的。总之，斯巴达的女性非常勇敢，她们意志坚定，像男人一样坚不可摧。

　　斯巴达的百姓忙了一整晚。小孩和老人进进出出，忙着运送挖壕沟的工具，或是为挖壕沟的人送水送饭。城里的将士则尽职尽责地守在岗位上，等待第二天一早出城迎敌。斯巴达人挖的壕沟又宽又深，足以困住敌军

第十二章 皮洛士的最后一次远征

的大象和战马。斯巴达人在壕沟的两端都用了马车加固,他们将马车的一半埋入土中来确保壕沟牢固。所有的防御工事都是这样安安静静地完成的。夜间,皮洛士没有带人偷袭斯巴达城。到清晨时分,斯巴达城里一切准备就绪。

天蒙蒙亮时,皮洛士的营地里有了动静。同时,斯巴达城内也忙碌起来。城内的将士们拿起兵器列阵迎敌。在这个时候,斯巴达妇女聚集到队列周围,她们一边助将士们整理兵器,一边用话语鼓舞将士们。她们说:"守卫斯巴达城是你们无上的荣耀,我们在这里见证你们的荣光。在战场上,即使你们倒下了,你们的母亲和妻子也会立即来到你们身边,给你最大的抚慰和支持!"

斯巴达士兵出城应战,战斗开始。很快,皮洛士就发现,斯巴达人的壕沟严重延缓了攻城进度。战马和大象根本跨不过壕沟,军中将士即使能成功地越过壕沟,也无法越过壕沟旁的防御墙。因为防御墙那里土质松软,坡度很大,将士们没有支撑点。皮洛士绞尽脑汁想把壕沟两端的马车挪开,然而,努力了很久都没有成功。最后,皮洛士的儿子托勒密想了一个办法。他采取迂回策略,带领两千高卢士兵,绕到另一侧占据了有利地点。斯巴达人拼死抵抗。然而,高卢人逐渐占了上风,成功地把数十辆马车从土里拽了出来,最后,他们将马车拖离壕沟,扔到河里。

读者应该还记得,阿利乌斯离开斯巴达去克里特岛时,将斯巴达的统治权交给了儿子阿克罗塔图斯。此刻,阿克罗塔图斯看到托勒密带领士兵将马车移开了,他立即决定去阻止。阿克罗塔图斯带了一支两、三千人的队伍,从壕沟另一侧绕出斯巴达城。他也采取迂回策略,他绕到托勒密身后对正在处理战车的高卢人发起猛烈进攻。高卢人拼尽全力对付前方的斯巴达人,没想到此刻后方又有敌军来袭。战局迅速反转,高卢军很快陷入混乱。阿克罗塔图斯大获全胜。他率军返回斯巴达城时,浑身是血、气喘吁吁,他已经精疲力尽了。看到阿克罗塔图斯凯旋,斯巴达的百姓纷纷列队欢迎,他们高声欢呼着。斯巴达的妇女们围在阿克罗塔图斯身边,不停地表达感激之情。她们还说:"回去找切力多尼斯吧!她是你的,你值得拥有她。我们都很羡慕她有你这样的爱人!"

战事持续了整整一天。夜幕降临时,皮洛士发现自己的攻城计划没有取得明显的进展。于是,他不得不将其他的作战计划推延到第二天。皮洛士像往常一样去休息,但第二天早上他醒得特别早,而且他看起来精神饱

第十二章 皮洛士的最后一次远征

满。他把几位将领召来,对他们说自己昨晚做了个梦,他觉得这个梦预示着第二天的战斗一定会取得胜利。皮洛士说他梦见飞镖如闪电般从天而降,斯巴达城成了火海。皮洛士认为,这个梦是一种预兆,预示着当天在战斗中会大获全胜。于是,皮洛士命各位将领立即回去集结队伍。他准备再次攻城。

我们不确定皮洛士是真的做了这样的梦,还是为了鼓舞士气编的谎言。无论这个梦是否是真的,反正最后现实情况与梦境相反。皮洛士的将领们说这个梦不吉利,因为肠卜僧的学说里有这样一个说法——闪电所到之处皆能成圣。霹雳闪过的土地,人们不能踩踏。将士们认为,皮洛士梦到闪电落入斯巴达城,预示着斯巴达城有神的庇佑。这个梦是警告皮洛士不要去骚扰斯巴达人。皮洛士发现将士们对梦境的解读和自己的不一样,连忙换了说辞,声称这个梦与此次战事无关。皮洛士还说,肠卜僧的话只能骗无知和迷信的人,完全骗不了真正聪明的人。他说:"你们应该相信可靠的东西。你们手中有兵器,你们还有我,这就能保证获胜了。"

我们不知道皮洛士的话给了将士们多少安慰,但战事的确偏离了皮洛士的预期。战事开始时,皮洛士占上风,斯巴达城好像要落入皮洛士的手中了。皮洛士的计

皮洛士国王

划是把斯巴达人的壕沟填平。他命将士将土、石块、木头、树桩等东西填到壕沟里,甚至还将战死将士的尸体也扔进壕沟。尽管手段残忍,但最后把壕沟填平了。于是,皮洛士再次率军攻城。防御墙上的斯巴达人拼死抵抗。在对抗的过程中,斯巴达的女人们也没闲着,她们将水和干粮源源不断地送往前线,使斯巴达将士可以随时补充体力,同时她们还将那些受伤、濒死的将士带回去,并把死去将士的尸首也运回城里。

终于,皮洛士率领军队顺利地从防御墙的缺口处冲进城。进去后,士兵们开始大声欢呼,他们兴奋地往前冲。

皮洛士进攻斯巴达城,斯巴达城的女人和孩子前来助阵

第十二章 皮洛士的最后一次远征

一切似乎已成定局,斯巴达军队好像落败了。但一件突如其来的事迅速扭转了局势。一个斯巴达人朝皮洛士射了一箭,利箭射中了皮洛士胯下的战马。由于战马伤得很重,突然间战马前腿跪地,将背上的皮洛士摔倒在地。这一幕让皮洛士身后的大军停了下来。骑兵营的将士赶紧冲过去解救皮洛士。这给了斯巴达人喘息的机会,他们迅速整顿队伍。马其顿将士带着皮洛士再次冲了上去。等稍微恢复过来后,皮洛士发现将士们的士气低落、冲劲不足,他不知道这是久攻不下斯巴达城还是自己意外摔下马造成的。皮洛士预测,当天肯定攻不下斯巴达城,与其让将士们在战场上进行无谓的战斗,还不如保存实力。于是,皮洛士下令撤回军营。

皮洛士还没来得及发动第三次进攻,战局就完全逆转了。读者们应该还记得,皮洛士出发攻打斯巴达时,斯巴达的国王阿利乌斯去了克里特岛,他把军权交给儿子阿克罗塔图斯。同时,斯巴达的另一位国王也因为其他的原因不怎么参与政事,史书都很少提到他。听说皮洛士要攻打斯巴达,阿利乌斯立即带大军返回斯巴达。皮洛士第二次攻城失败后,阿利乌斯率领两千精兵抵达斯巴达城。与此同时,还有一支援军正离开科林斯赶往斯巴达,这支军队主要由伯罗奔尼撒半岛北部的斯巴达人组成。援军让斯巴达城内的百姓高兴得手舞足蹈，他们感到特别踏实、安心。城中的老人和女人看到斯巴达的兵力充足后，就安心地退出战场，回家休息。

尽管如此，皮洛士却没有放弃。敌军援兵的到来激起了皮洛士的斗志。他下定决心要攻下斯巴达。于是，皮洛士接二连三进攻。不幸的是，每次都以失败收场。最终，皮洛士不得不放弃攻城。他撤到斯巴达城不远处，在那里建立了长期作战基地。期间，皮洛士的军队物资严重不足，他就命人在周边地区不断地烧杀抢掠。他始终不肯撤军，因为皮洛士咽不下这口气。对他来说，兵败斯巴达简直是奇耻大辱，因此他一直伺机报复。

当皮洛士进退两难时，阿尔戈斯向皮洛士发出了参战邀请。阿尔戈斯是伯罗奔尼撒半岛北部的一座城市。此时，阿尔戈斯爆发内战。一名阿尔戈斯将领十分了解皮洛士，知道皮洛士热衷于应邀参战，因此请求皮洛士出兵援助。皮洛士本就攻不下斯巴达，阿尔戈斯的邀请恰好给了皮洛士从斯巴达撤军的理由。因此，皮洛士立即决定离开斯巴达，率军北进，但斯巴达人不会允许皮洛士全身而退。斯巴达人无法在战场上打败皮洛士，他们就调集全部兵力阻挠皮洛士行军。斯巴达人在皮洛士必经的峡道伏击皮洛士的军队，他们还拦截了皮洛士的

第十二章 皮洛士的最后一次远征

小分队，抢夺、破坏辎重。皮洛士不堪其扰，于是派遣自己的儿子托勒密率军抵抗。托勒密英勇无敌，率军与斯巴达人展开斗争。激战中，一位力大无比、身手敏捷的克里特人骑马奔向托勒密。在接近托勒密时，他挥动手中的兵器奋力一击，托勒密随之倒地。看到托勒密从马上摔落，部下非常害怕，赶紧掉转方向，快马加鞭回去向皮洛士禀报。

可想而知，听说儿子战死的消息后，皮洛士快气疯了。为了给儿子报仇，他立即率领一支骑兵原路返回。到达斯巴达人的驻地后，皮洛士就大开杀戒，他身后全是斯巴达人的尸体。皮洛士的处境相当危险。当时，皮洛士与一名叫伊瓦库斯的斯巴达人打斗。伊瓦库斯挥动兵器攻击皮洛士的头部，但没有击中，兵器从皮洛士的眼前划过，切断了战马的缰绳。就在此时，皮洛士用手中的矛刺穿了伊瓦库斯的身体。皮洛士无法驾驭战马，于是，赶紧从马上跳下来继续战斗。其他斯巴达人则涌上来解救伊瓦库斯。双方再次陷入激战，死伤无数。最终，皮洛士率兵撤退，斯巴达人也撤军。皮洛士报仇后，心里痛快多了，于是继续前往阿尔戈斯。

抵达阿尔戈斯前，皮洛士就碰到了安提柯二世率领的敌军。他们在阿尔戈斯城外的小山上等皮洛士来。一

皮洛士国王

路走来，皮洛士打了不少败仗，经历了太多扫兴的事。皮洛士的心中压抑了太多怒火，他无处发泄。现在，他看起来已经不像正常人，他更像一头蓄势待发的猛兽。皮洛士派使臣前往安提柯二世的营地不断挑衅，他想让安提柯二世走出营帐与自己决斗。但安提柯二世淡然地说，时间和刀剑都是他的武器，此刻他还没准备好。安提柯二世还说，如果皮洛士实在等不及，他可以替皮洛士想办法。

安提柯二世执政期间发行的货币，上面的人物头像为安提柯二世

第十二章 皮洛士的最后一次远征

皮洛士在阿尔戈斯城外待了一段时间。在此期间，阿尔戈斯城的百姓以及城里各个党派进行了多次讨论，大家一致认为要提防强劲的外人攻占城池。最后，城外的两支军队答应同时撤军。但皮洛士并不打算遵守承诺。皮洛士趁阿尔戈斯人放松警惕，他在夜色的掩护下率兵悄悄来到阿尔戈斯城门口。城内有皮洛士的同伙，他打开城门，让皮洛士的大军进入阿尔戈斯城。皮洛士下令要求全军保持安静，悄然前行。一大批高卢兵力驻扎在阿尔戈斯城的广场上，期间他们没有发出任何声响，没有惊动当地的百姓。为了让这个故事显得更真实一些，我们猜想阿尔戈斯城的哨兵和门卫都已经归顺了皮洛士一方。

等步兵进城后，皮洛士命人将大象带进城。大象被牵到城门口时，人们才发现城门太低了，如果不把大象身上的箭塔取下来，大象就进不去。于是，将士们只好卸下大象身上的箭塔，等大象进城后再把箭塔安回去。卸除和安装箭塔都需要悄悄进行，比较麻烦。最后，安装弄出的声响惊动了周边的居民。很快，全城的人都醒了，城中将士赶紧集合。皮洛士也迅速赶往阿尔戈斯城广场，把那里当成暂时的营地，他分别安排好象群、战马以及步兵，力图做好防御措施。阿尔戈斯城的百姓纷纷涌到护城向安提柯二世求援。安提柯二世的军营立即展开行动。安提柯二世派了几支分队火速赶往阿尔戈斯城。一切都是在黑夜中进行的，惊醒的阿尔戈斯百姓茫然失措，他们非常害怕。与此同时，斯巴达国王阿利乌斯一直率兵跟在皮洛士后面，最后也到达阿尔戈斯城。之前阿利乌斯一直密切关注着皮洛士的一举一动，此刻，阿利乌斯也率军闯入阿尔戈斯城，不断攻击城里的马其顿士兵。无论在哪儿，斯巴达士兵只要遇到了马其顿士兵就绝不手软。一时之间，阿尔戈斯城里到处都是哭声、尖叫声以及咒骂声，整个城市陷入混乱。

斯巴达人突袭带来的恐慌只是暂时的，他们很快就发现在夜间战事进行不下去。夜色太浓，士兵们无法分清对方是敌是友。到处都是尖叫声，士兵们听不清将领的指挥，无法按命令行事。兵力太过分散，有的士兵在窄巷中迷路了，有的掉进了阴沟里。他们都指望着将领们发现并解救他们，但等待他们的只有无尽的黑暗。最终，所有人都不约而同地停止作战，一起等黎明到来。

当清晨的第一道曙光出现，能看见周围的环境时，皮洛士惊恐地发现阿尔戈斯城的城墙上已有重兵把守。再环顾四周，皮洛士发现自己的劲敌也到城内了。天渐渐亮了，皮洛士终于能看清广场了，他发现广场上有各

第十二章 皮洛士的最后一次远征

种各样的雕塑。当这些雕像映入眼帘时,皮洛士感到非常惊讶、恐惧。他看到一座狼与公牛交战的铜质雕像。很久以前,有一个占卜师告诉他,如果哪天他看到了狼对战公牛,就说明他的死期近了。皮洛士一直以为,要看到这样的画面,也应该是在密林或山间等人迹罕至的地方。皮洛士从来没把那个预言放在心上,也从来没想过真的会看到这个场景。看到雕像时,他想起了之前的预言。又想到目前的处境,皮洛士顿觉惶惶不安。皮洛士害怕死期真的到了,于是打算尽快从这个危险的地方撤出。

但撤退特别麻烦。城门很窄,而皮洛士率领的军队人数众多。在撤退过程中,他们会遭遇附近敌军的攻击。将士们撤退心切,到时候大军一定会陷入混乱,城门也会被堵住。突然,皮洛士想起,自己的儿子赫勒诺斯还率大部队驻扎在阿尔戈斯城外。于是,他立即派人给赫勒诺斯送信,命他率军摧毁城门附近的城墙,这样他就可以率兵从缺口撤到城外。在此期间,皮洛士一直待在广场附近。时间慢慢过去,皮洛士觉得赫勒诺斯应该收到信了,此刻应该已经开始行动了。从早上开始,敌军发起总攻,形势已变得十分危急。混乱中,皮洛士率军向城门方向撤。皮洛士军中所有人都以为,等他们撤到城门时，赫勒诺斯应该已经摧毁了城墙，他们到时就会看到一个特别宽敞的缺口，就可以轻松地撤离战场了。但实际情况却不是这样的。当皮洛士率军到达城门时，他们看到无数士兵涌向阿尔戈斯城，将出城的道路死死封住。赫勒诺斯似乎误会了皮洛士的意思，他以为皮洛士是想让他进城支援。马其顿士兵涌入城里让战局更加混乱。皮洛士手下的将领们大声呼喊，他们想让赫勒诺斯退出城外。但在混乱喧嚣的战场上，声音再大也听不到。即使听见了，将士们也执行不了，因为往城里涌的士兵身后还有不计其数的将士在拼命往里面冲。混乱的局面让皮洛士手下的将士们十分恐慌，他们开始疯狂地往城外冲。接下来就出现了更混乱、血腥的场景。人们开始相互推搡甚至踩踏，人群中不时传来撕心裂肺的哭喊和嚎叫。士兵、战马以及大象混在一起，现场混乱不堪。如果此时从上空往下看，就会看到人和牲畜混在一起，到处都是疯狂的扭打和踩踏的现象。实际上，现场已经完全不是战场了。如果此时有人拔出剑或举起长矛，那么他的兵器很快就会被周围的人压住，完全动不了。人们受伤，要么是由于推搡挤压，要么就是被大象或战马踩到了，要么就是被人踩伤了。

象群让场面更加混乱。一只大象倒在城门口站不起

第十二章 皮洛士的最后一次远征

来,一直发出恐怖的叫声。驾驭大象的人不知是被飞镖还是长矛伤到,从象头摔到了地上。大象不想失去主人,变得非常狂躁,转身去救主人。它用自己的身躯把挡住它去路的人撞到两边,然后小心翼翼地用象鼻将主人放到自己背上,然后冲出人群。而挡路的人全被它踩到脚下。人们为纪念这头忠心耿耿的大象,就给它取名尼肯。

皮洛士一直在大军后方,那里踩踏情况不太严重,但他要一直对付追兵。形势越来越危急,皮洛士从头盔中抽出那束象征自己身份的羽毛,然后将它交给身边的一位朋友,这样他就不会一直成为敌军穷追不舍的目标了。这时,皮洛士的部下还在抵抗追兵。后来,一位阿尔戈斯人用力将一把标枪掷到了皮洛士身上,标枪刺穿了皮洛士的护胸甲,伤到了皮洛士,但伤口并不致命。但这一举动激怒了皮洛士,皮洛士愤怒地转向那个人,想消灭他。皮洛士差一点儿就击中他了。但凑巧的是,那个人的母亲一直在房顶上观战。看到儿子身处险境,老母亲立即从房顶上取下一块特别重的瓦片,然后拼尽全力砸向皮洛士。瓦片从天而降,狠狠地砸到皮洛士的头盔上,砸掉了皮洛士的头盔,也将他砸倒在地,使皮洛士尾骨粉碎。

皮洛士手中的缰绳脱落,他从马上重重地摔到地上。

皮洛士被瓦片砸中,跌落马下

第十二章 皮洛士的最后一次远征

但皮洛士手下的人并没有看到他倒下。现场十分混乱，皮洛士和他的朋友们分散了。皮洛士倒地后，他身边的人还在奋力往前冲，想冲出城门。皮洛士就那样孤零零地躺在地上。最后，安提柯二世手下的将领佐庇鲁斯认出了皮洛士，赶紧命人将皮洛士提起来拖到了附近的一个柱廊边。佐庇鲁斯拔出剑，想将皮洛士的头砍下来。就在这时，皮洛士突然睁开眼睛，眼球还转动这，这一幕吓坏了佐庇鲁斯。佐庇鲁斯的手不停地颤抖，使他没能一刀砍掉皮洛士的头，只是砍到了他的嘴和下颚。于是，佐庇鲁斯不停地砍，直到皮洛士身首异处。

很快，安提柯二世的儿子海尔塞尼库斯来到柱廊边。听说了事情的经过后，他立即命人把皮洛士的首级拿给他。他拿到皮洛士的首级就立即骑马去找安提柯二世。当时，安提柯二世正在和朋友聊天。海尔塞尼库斯以为他父亲见到皮洛士的首级一定会很开心，就将皮洛士的首级扔到父亲脚边。看到皮洛士的首级，安提柯二世非常震惊。他严厉批评了海尔塞尼库斯的残暴行为，然后命人将皮洛士身体取来，为皮洛士举行了盛大的葬礼。

不可否认，皮洛士是一位内心强大、能力超群的军事领袖。他天赋异禀、足智多谋，是西方历史上不可多得的旷世奇才。皮洛士并没有建立千秋伟业。他总是遵从内心，每次都毫不犹豫地冲向战场。即使不做规划，也没有明确作战目标，甚至不清楚作战对象，皮洛士也能勇敢出击，摧毁敌人。皮洛士引发了多次动荡和混乱。他杀敌无数，征服了数个王国，但他统治这些王国的时间都比较短，而且他不懂得如何管理国家，所以最后留下不少祸患。皮洛士的足迹遍布各地，他的善变的性格让他最终与"伟人"的称号失之交臂。皮洛士的军事行动掀起了无数血雨腥风，让人们的生活动荡不安，但这一切并非他的本意。事实上，皮洛士身上有一种高贵、慷慨的气质，尽管在后来的岁月中，他历经沧桑，这种气质消磨殆尽。但他的初衷从来不是为世间带来疾苦，而是为了向人们证明他有成就伟业的能力。

附录
专有名词汉英对照

伊庇鲁斯	Epirus
皮洛士	Pyrrhus
亚得里亚海	Adriatic Sea
马其顿	Macedonia
亚历山大大帝	Alexander the Great
腓力二世	Philip
涅俄普托勒摩斯	Neoptolemus
奥林匹娅丝	Olympias
克利奥帕特拉	Cleopatra
安提帕特	Antipater
罗克珊娜	Roxana
奥克夏特斯	Oxyartes
粟特岩山	Sogdian Rock
阿里戴乌斯	Aridaeus
阿里戴乌斯	Aridaeus
托勒密	Ptolomy
波利伯孔	Polysperchon
小亚细亚	Asia Minor
叙利亚	Syria
佩尔迪卡斯	Perdiccas
尼该娅	Nicaea
亚历山大一世	Alexander I

萨迪斯	Sardis
艾达	Ada
达达尼尔海峡	Hellespont
尼罗河	Nile
皮东	Pithon
卡山德	Cassander
伯罗奔尼撒半岛	Peloponnesus
密格勒波利斯	Meegalopolis
达米德斯	Damides
塞萨里亚	Thessaly
尼卡诺	Nicanor
皮纳德	Pydna
爱琴海	Aegean Sea
阿莱拜斯	Arymbas
塔伦图姆	Tarentum
塔伦图姆湾	Gulf of Tarentum
多多纳	Dodona
阿刻戎	Acheron
本德里亚	Pandosia
安德鲁克里斯	Androclides
安杰勒斯	Angelus
迈加拉	Megarae
格劳西亚斯	Glaucias
班勒厄	Beroa
德米特里厄斯	Demetrius
阿尔塞塔斯二世	Alcetus II
黛达弥亚一世	Deidamia
伊普苏斯	Ipsus
亚历山大港	Alexandria
安提戈涅	Antigone
吉伦	Gelon
密尔提洛斯	Myrtilus
亚历克斯克莱特斯	Alexicrates
卡德米亚	Cadmia

附录 专有名词汉英对照

亚历山大五世	Alexander V
安提帕特二世	Antipater II
底比斯	Thebes
潘帕塔斯	Pantauchus
拉纳莎	Lanassa
叙拉古	Syracuse
阿加索克利斯	Agathocles
克基拉岛	Corcyra
麦东	Meeton
齐纳斯	Cineas
德摩斯梯尼	Demosthenes
西西里岛	Sicily
利比亚	Lybia
迦太基	Carthage
赫勒诺斯	Helenus
亚平宁山脉	Apennines
利维努斯	Laevinus
西里斯河	River Siris
莱昂纳特斯	Leonatus
麦格科勒	Megacle
阿庇乌斯·克劳狄·卡阿苏斯	Appius Claudius Caecus
波斯	Persia
法布里休斯	Fabricius
苏尔皮基乌斯·萨卧瑞欧	Sulpicius Saverrio
普布利乌斯·德西乌斯·穆斯	Publius Decius Mus
阿普利亚	Apulia
德西乌斯·马乌斯	Decius Mus
托夸图斯	Torquatus
尼亚西斯	Nicias
阿奇埃加瑟斯	Archagathus
忒库希娜	Texina
梅农	Maenon
麦西拿	Messana
墨西拿	Messina

萨迪斯	Sardis
麦尔提尼斯人	Mamertines
墨西拿海峡	Straits of Messina
俄依克斯	Eryx
利利俾	Lilybaeum
赫拉克勒斯	Hercules
洛克里	Locri
普罗塞尔皮娜	Proserpina
朱庇特	Jupiter
克瑞斯	Ceres
卡莉吉娜	Calligena
维纳斯	Venus
密涅瓦	Minerva
戴安娜	Diana
奥林匹斯山	Olympus
萨谟奈	Samnium
卢卡尼亚	Lucania
库里乌斯·登塔图斯	Curius Dentatus
兰图拉斯	Lentulus
贝内文托	Beneventum
利西马科斯	Lysimachus
色雷斯	Thrace
阿玛斯特里斯	Amastris
拉古斯	Lagus
贝勒尼基	Berenice
托勒密·费拉德尔普斯	Ptolemy Philadelphus
托勒密·塞劳努斯	Ptolemy Ceraunus
吕珊德拉	Lysandra
阿加索克利斯	Agathocles
塞琉古一世	Ceranus I
佛里吉亚	Phrygia
阿尔戈斯	Argos
卡桑德拉	Cassandreia
斯巴达艾	Sparta

德尔菲	Delphi
莱克尔加斯	Lycurgus
波吕德克忒斯	Polydectes
查瑞劳斯	Charilaus
利奥尼达斯	Leonidas
克里特岛	Crete
阿克罗塔图斯	Acrotatus
阿利乌	Areus
阿克罗塔图斯	Acrotatus
切力多尼斯	Chelidonis
阿基达米娅	Archidamia